# 新版 死ぬまで好奇心！

川北義則

KK
ロングセラーズ

# はじめに——定年後を「退屈」にしたのは自分だ

「どんな人生がいちばんイヤか?」

そう問われたら、私はいつもこう答えてきた。

「退屈な人生」

その気持ちはいまも変わらない。

「なんか面白いことはないか」

私は物心ついたときから、いつもそんなことばかり考え、また行動してきた。

小学校から帰ってくれば、ランドセルを放り投げてすぐに外に飛び出していった。そして、あたりが暗くなるまで遊びまわっていた。中学に入って電車通学をはじめてからは、行動範囲がさらに広がった。以来、その傾向にはどんどん拍車がかかり、大学を卒業するまで暇さえあればいろいろなところを歩き回り、遊びまわった。すべては「なんか面白いことないか」に突き動かされてのことだった。

大学卒業後、夕刊紙の新聞記者となり、独立後、編集プロダクション、出版プロデュースという仕事をはじめた。何でも「面白そうなもの」に飛びついた。とにかく「！」や「？」と少しでも感じたら、ジャンルを問わず、まず、アプローチすることを心がける。その情報を詳しく調べたり、はじめての場所、はじめての人を積極的に訪ねたりした。

何も仕事に関わることに対してばかり、こういう姿勢をとっているわけではない。むしろ、プライベートな部分での「！」や「？」により積極的に反応してきたと思う。「面白い人」「面白い遊び」「面白い場所」と感じたら、いてもたってもいられなくなるのだ。「野次馬根性」「ミーハー」の塊《かたまり》なのである。

●先入観を捨てる
●すぐ動く
●楽しむ

私は「面白い」に対して、常にこういう姿勢で生きてきた。

その結果、仕事での「面白い」がプライベートの「面白い」につながることもあったし、プライベートの「面白い」が仕事の「面白い」、あるいは「役に立つ」につながることもあった。なんであれ、何年生きてきても、わからないことは無数にあり、それに積極的にアプローチしてみると新しい発見があり、それが喜び、楽しみを与えてくれるのだ。

それを達成するためには、まずは「役に立つかどうか」を忘れて、「面白い」に身を任せてみることだ。本書の『死ぬまで好奇心！』というタイトルには、そんな私の強い思いが込められている。

「はじめてみなければ、わからない」のだ。それが好奇心を失わずに生きていくということだ。

本書は主に中高年の方へのメッセージとなっているが、人間、年齢を重ねると何かと面倒くさいという思いに駆られるものだ。だが、面倒くさいという感情こそ、年齢ではなく、生き方の老化、そして劣化を招くのだ。

黒柳徹子《くろやなぎてつこ》さんは、以前、大腿骨《だいたいこつ》を骨折した。手術後、「もう少し入院を」という医師の進言があったものの、自身の判断で退院し、すぐにリハビリをはじめられたそうだ。その理由がすばらしい。

「『どうでもいい』と思ってしまいそう。それがイヤだから」

『徹子の部屋』でそんな意味の言葉を述べておられた。これこそ、いつまでたっても中高年が忘れてはならない心構えではなかろうか。

「誰かが私を退屈させている。その誰かとは、どうやら自分のようだ」

イギリスの詩人ディラン・トーマスの言葉だ。

退屈の「退」は、勢いが弱まり、衰《おとろ》えるという意味。その「退」に屈する生き方をするか、それとも退治するか。ディラン・トーマスの言葉を借りれば、自分を退屈させない自分づくりには「好奇心」が絶対に欠かせないのである。

定年を迎えても、中高年になっても、残された時間は十分にある。その時間が死ぬまで退屈なものであったとしたら、じつにもったいない話だ。

本書が、死ぬまで退屈しないことを願う読者のお役に立つことができれば、著者として嬉しいかぎりである。

川北義則

目次

## 第2章　好奇心を育てるきっかけは行動力

## 第3章　好奇心を枯らす生き方は損だ　115

## 第4章　好奇心がないと「退屈」だけが残る　167

# 第1章

# 好奇心のある人、ない人の違い

# すぐ枯れる好奇心、花が咲き実を結ぶ好奇心

## 役に立たない、儲からなくてもいい

「それ、何が面白いの?」

自分がやったことのない、やろうと思ったこともないことを誰かがやっていると、こう尋ねてくる人がいる。その言葉の意味は大きく二つに分かれる。

一つは「そんなつまらんことをやって」という冷ややか、かつ揶揄《やゆ》する意味。もう一つは「自分もやってみたい」あるいは「教えてほしい」と興味を示す場合だ。

何事であれ、自分にはわからないことに出会ったとき、前者の態度をとるか、後者のそれをとるかで、その人の生き方が大きく違ってくる。「何が面白いの?」と、最初から否定の感情を用意しているのなら、話はそこで終わり。会話は途切れてしまう。

逆に「自分でやってみたい」「話を聞かせてほしい」という積極的な姿勢があるのなら、その人の楽しみの可能性はどんどん広がっていく。

どちらの「何が面白いの？」も、好奇心の芽生《めば》えであることに変わりはないが、片やそのまま枯らせてしまう好奇心、片や人生に花を咲かせたり、実を結んだりする好奇心ということになるのではないか。

極端な言い方をすれば、枯らせてしまう好奇心の特徴は「役に立つか」とか「儲《もう》かるか」という功利性だけが基準になる。一方は「楽しいか」とか「幸せか」が基準の好奇心ということになる。

どちらが人間的かといえば、間違いなく後者だろう。人はいつも直接的な「役に立つ」「儲かる」だけで生きているわけではない。役に立たないからやらない、儲からないからやらない、などという人生はつまらないではないか。

そんな人生を歩み続けていけば、恋もしなければ、美味《うま》いものも食わない、何かのスポーツもしない、積極的に人とも付き合わない、すべて「ないない尽くし」で人生を終わる。

私自身、人生の醍醐味は逆に「役に立たないことをやってみる」ことにもあると思っている。

## こんなにユニークな人間関係があったのか

新聞記事でまさに、役に立たないことに夢中になった人たちを知った。なんと総勢87人だ。全員の名前を紹介しよう。

「えっ、87人全員の名前？　別に名前はどうでもいい」

そう思われる方もいるだろう。じつは総勢87人、その人、いや人たちの名前は「田《た》中宏和《なかひろかず》」。全員が同じ名前なのである。

「同姓同名の人が同時に何人集まれるのか――。こんなギネス世界記録に挑戦しようと、全国の『田中宏和さん』が東京都内に集結した」（2017年11月7日付朝日新聞）。残念ながら、ギネス記録には及ばなかったものの、「なんだか幸せそうな田中さんたち」と記事は伝えている。私も「田中宏和」という名前だったら、間違いなく参加しただろう。

会場のあちこちで「初めまして。田中宏和です」「どうも田中宏和です」という挨《あい》拶《さつ》が交わされ、名刺を交換し合ったそうである。まさに「楽しい」と「幸せ」の花が咲いたようである。

はじまりは1994年のこと。

「近鉄　田中宏和　投手　桜井商業」

野球ファンにはお馴染みのプロ野球ドラフト会議で、こうアナウンスされた。それを聞いた東京都の田中宏和さんが、自分と同姓同名の選手の1位指名に驚き、同姓同名の人を探しはじめたのがきっかけだ。

そして23年後の集会には、さまざまな地域からさまざまな職業の田中宏和さんのほか、この会設立のきっかけになったドラフト1位指名の田中宏和さんも集まり、「1軍で結果を残せなかったのに、また取材を受けることになって複雑」（同紙）と語っている。さらに参加者たちは「他人とは思えない。遠縁《とおえん》の親戚《しんせき》のよう」と口をそろえていたそうだ。

同じ名前だったため別の人の税金を取られた、誤って住民票を移されたなどのトラブルに巻き込まれた田中宏和さんもいたらしいが、この集まりはなんと2014年に一般社団法人「田中宏和の会」になった。

「くだらないことを一生懸命やれる。健全な社会の証《あかし》だと思いませんか」（同紙）

発起人の田中宏和さんの言葉が印象的だ。これこそ上質な好奇心が育てた花と実ではなかろうか。同姓同名の人の存在を知り、「！」「？」と好奇心を刺激されて行動を起こすか、「それが何か？」とスルーしてしまうか。この違いが、大きな差を生んでしまうのだ。

## 「くだらないこと」に真面目に取り組んでみる

「くだらないことを一生懸命やる」という田中さんの言葉通り、こういうメンタリティが世の中には必要なのだ。そして、それこそが世の中が健全な証拠でもある。

たとえば、『イグノーベル賞』なども、まさにこのメンタリティの極致《きょくち》ともいえる。ご存じの方も多いだろうが、この賞はノーベル賞のパロディとして1992年に創設された。「人々を笑わせ、そして考えさせてくれる研究」に授与される。ある意味で「役に立たない、くだらない」研究である。この賞の歴代の受賞者には、数多くの日本人が名を連ねている。

いくつかご紹介しよう。

●「足の匂いの原因となる『化学物質の特定』という研究」（1992年医学賞）
●「ハトを訓練してピカソの絵とモネの絵を区別させることに成功した研究」（1993年心理学賞）
●「夫のパンツに吹きかけることで浮気を発見できるスプレー『Sチェック』を開発した功績」（1999年化学賞）
●「ウシの排泄物《はいせつぶつ》からバニラの香り成分「バニリン」を抽出した研究」（2007年化学賞）
●「床に置かれたバナナの皮を、人間が踏んだときの摩擦の大きさを計測した研究」（2014年物理学賞）

●「前かがみになって股《また》の間から後ろ方向にものを見ると、実際より小さく見える『股のぞき効果』を実験で示した研究」（2016年知覚賞）

これは日本人のイグノーベル賞受賞研究（？）のほんの一部にすぎないが、こうした、いわば「くだらないこと」に真面目に取り組んでいる日本人が数多くいることを、私はとてもうれしく思う。

ちなみに、このイグノーベル賞の授賞式は、なんとアメリカのハーバード大学で行われるのだが、受賞者の旅費と滞在費は自己負担だ。賞状はＡ４のコピー用紙にプリントされたものに選考委員のサインがあるだけのものだ。それがまたいいではないか。賞の主催者と受賞者を含めた参加者らの「役に立たない、儲からない好奇心」、じつに見事といえる。

# どこでもいい、とにかく外を歩け

## あなたの手帳は真っ白になっていないか

私はおそらく、同世代の男性に比べてかなり外に出て歩いていると思う。

「そんなに外出ばかりしているけど、ずいぶん用事が多いねえ」

同世代の友人からよくいわれる。すると、私は決まってこう返す。

「用事がなければ外に出ないのかい？」

彼にとっては、どうやら目的を持たずに歩き回ることが不思議でならないらしい。

ならば、私はこう尋《たず》ねたくなる。

「散歩をするのに、目的や用件は必要じゃないだろう」

私は外を「歩く」こと自体が好きなのである。だから、歩くこと自体が目的だといえばいえなくもない。雨降りの日だけは約束がなければ外出を控えるが、それでもたまに意を決して、ぶらりと出かけることもある。妻には「ちょっと本屋まで行ってくる」などと何かしら外出の理由を告げる。

「雨と、家にいるのとどっちが嫌か」

そんな二者択一の問題に「家にいること」と答えたい気分の日もあるからだ。それというのも、常に「好奇心」を忘れないからだ。

「雨だから今日はやめておこう」ではなく、「雨だ！　少し派手な傘でもさして街へ出てみよう」と考えてみることもある。こんな柔軟な発想が好奇心を育てるのかもしれない。

しかし男性の多くは、何らかの目的がなければ行動を起こさない。逆にいえば、目的や用件がないと何もしないのだろう。

●××時に業界関係者と食事会

●△△時から現場視察

●○○日から3日間、得意先に挨拶のための出張
●週末は取引先との接待ゴルフ

たとえば、サラリーマン時代はこのようにスケジュールが詰まっていたかもしれない。しかし、手帳に書かれている予定のほとんどは、仕事に関係することばかりではなかっただろうか。そして、休日になれば家の中でゴロゴロして奥さんから粗大ゴミ扱いされていたわけだ。

定年を迎え、気がついたら手帳は真っ白。仕事以外に何もなかった自分に気づくのである。

## 「無駄」の判断基準を変えてみる

サラリーマン生活が長いと、どうしてもその行動パターンから抜け出すことは難しい。予定や計画、目的がないとなかなか行動できない。サラリーマン時代の習慣が体に染《し》みついているからだ。

それを変えるきっかけは、たとえばこんなふうに手帳に予定を書いてみたらどうだろう。

●9時　井の頭公園を散歩
●13時　◎◎展鑑賞後、青山界隈を散歩
●17時　学生時代の友人と食事、評判の和食屋を予約

サラリーマン生活からいきなり「なんでもアリ」の自由人になるのは難しい。多少のリハビリも必要になる。

かつては、目的ばかりを考えて行動していたはずである。目的を持たずに外を歩き回ることは時間の「無駄《むだ》＝役に立たない」と考えていたに違いない。

たしかにサラリーマンとしては間違ってはいない。

だが、その「無駄」の判断基準がどこにあったのか。

●会社の利益に寄与するか
●会社員の行動として役に立つか

この基準の前提になる「会社」も「会社員」も定年後は生活からなくなったのである。ということは、何が無駄で、何が無駄でないかがわからなくなったということなのである。

これからは、いままでとは逆の発想で生きていくことを心がけるべきではないか。すぐにはこの発想転換は難しいかもしれないが、大いに「無駄」を楽しむことを目指せばいい。

# 小さな短所なんかどうでもいい

## 短所は、じつは短所じゃないと心得る

長い年月を生きていると、自分にとってどこが長所でどこが短所かわかってくる。

たとえば気が長く、何事ものんびりしている人がいるとしよう。何であれ、物事をすぐ決められず、いつまでもダラダラと引っ張ってなかなか答えを出せない。こういう人間は、他人にこういわれる。

「あの人は、何事もすぐに決められない優柔不断《ゆうじゅうふだん》な人だ」

ただ、こういう人は逆に考えれば、「じっくりと考え、さまざまな可能性やメリット・デメリットを考慮に入れてから判断する、思慮深い人間」という捉《とら》え方もできるはずだ。

逆に即断即決の人間というのは、人の話を最後まで聞かずに「はいはい、わかったよ」とひとりで納得して大まかなことだけを聞いて、勝手に先に進んでしまう「短気で自分勝手な人間」というようにも捉えられる。

要するに、人の長所や短所は、見方を変えれば逆になるのだ。

よくいわれるが、たとえば、コップに半分入っている水を見て、どう考えるかといったことと同様ともいえる。

「大変だ！　コップには水があと半分しかない！」

そう思うのか、

「なんだ、コップに水がまだ半分もあるじゃないか」

と思うのか、と同じことである。

ほかにも「悲観的」「心配性」「神経質」など、長く生きてきて、自分でもわかっているが変えられない性格というものはあるだろう。もし、その性格を短所と思い込んで生きてきた人がいるなら、「そんなものは気にするな、放っておけ」といいたい。

もはや自分の「個性」と割り切ってしまったほうが気楽になるではないか。

## 「短所」と「欠陥」はまったく別なもの

だが、短所ではすまされない人もいる。言動が短所を越えて「欠陥」のレベルまでに達しているような人である。

欠陥とは、「他人に大きな迷惑をかける言動」である。

●すぐ人に手をあげる
●とにかく威張《いば》る
●約束が守れない
●時間にルーズ
●酒を飲むと暴れる

要するに社会の誰かに迷惑をかけるようなことは、早急に直す必要がある。短所はそれとは違って、ひっくり返せば長所にもなること。考え方を変えるだけで長所になるから放っておけばいいのだ。

「暴力」「威張る」は説明の必要もないだろう。

時間にルーズなのも、間違いなく「欠陥」だ。

最近は携帯電話が普及したからか「時間を守らなくても連絡すればいい」と思っている人が少なくない。時間にルーズな人間が増えたように感じるのは私だけだろうか。時間に遅れるというのは、厳しい物言いになるが「相手の貴重な時間を奪う行為」である。もっといえば「時間泥棒《どろぼう》」だ。

たしかに電車の事故など、不可抗力で遅刻することもあるだろう。こんな場合にはメールでも電話でも一言「ごめんなさい10分遅れます」と連絡すればいい。ところが、それすらしない人間もいる。これは、人間として問題である。

また、酒にだらしない人間もハタ迷惑だ。日本では、「酒を飲んでの無礼、狼藉《ろうぜき》」にかなり甘い傾向がある。酒にだらしがない人間は、どれだけ他人を困らせているか正確に覚えていないようだが、一緒にいる人間にとっては迷惑このうえない。

とくに「酒乱」は直さないと、「大欠陥」といっていい。私は多くの「酒乱」に遭《そう》遇《ぐう》してきたが、そういう人間とは絶対に酒席を共にしないと決めている。私自身、「酒乱」を自ら直した人間はこれまでひとりしか知らない。

どうやって直したか。彼は親友が撮影した自分の「酒乱動画」を見せられたからだ。その人間は、以来、一滴も酒を口にしていない。

「短所」と「欠陥」の違いだけは覚えておくべきである。

# 好奇心は「生きるエネルギー」になる

## 「しない理由」「できない理由」なんか探すな

「川北さんは、とにかくジッとしていませんね」

そんなことをいわれることが多い。私は自分勝手に褒《ほ》め言葉だと思っている。さらに必ずといっていいほど、こう尋《たず》ねられる。

「ところで、元気の秘訣は何ですか？」

その度に必ず私はこう答える。

「元気の秘訣？　それは『好奇心』ですよ」

私にとっての活動の源、それが「好奇心」である。

観たい映画や芝居があればひとりで行くし、どこそこに美味《うま》いものがあると聞けば食べに行く。どちらかといえば食道楽である。

新聞は毎日三紙欠かさずチェックをし、小さな記事でも、気になる情報があれば切り取ってあとから調べたりする。また、行きたいところにはできるだけ早く行く。食べたいと思ったものは食べる。会いたい人には会う。

「しない理由」「できない理由」を探す前にまず体が動く。これが私の生きるエネルギーとなっている。

少々大げさかもしれないが、人類の歴史とは好奇心の歴史といってもいい過ぎでないだろう。過去の偉人たちが発明・発見した偉大な産物は、すべてこの「好奇心」から生まれた。

風呂の中で物体の重さの法則を見つけたという逸話で有名なアルキメデスしかり、落ちたリンゴをヒントに万有引力《ばんゆういんりょく》の法則を見つけたニュートンしかり、いままで誰もが何の疑問も感じずに当たり前だと受け入れていたことに対して、「なんだこりゃ」

「待てよ」という視線をもったことが出発点になっている。

いわば絶えず好奇心を持ち続けたから偉業を達成できたといってもいいのではないだろうか。

また、最近の話になるが、いまや世界で15億本以上も売れているという、パイロット社製の消えるボールペン「フリクション」。あの消えるインクの開発には、なんと30年もかかっているという。そういうことに長い年月をかけてきた人間の生き方はすばらしい。

「きれいに書けて、きれいに消せるボールペンを生み出せないか」

「鉛筆なら消しゴムで消せるのだから、ボールペンだって消せるはずだ」

おそらく、こんな思いから消えるボールペンはスタートしたのだろう。パイロット社の研究員たちが、途方もない時間を研究に費やし、世界的なヒット商品を生み出せたのも「好奇心」がモチベーションの一つになっていたに違いない。

好奇心がエネルギーの源であるという話は、歴史的な偉業や開発に限ったことではない。日々のビジネスやプライベートでも当てはまる。

「本当にこれでいいのか?」

「いままではこうだったけど、果たして本当にこのやり方でいいのか?」

そう感じることが好奇心の第一歩だ。

たとえば仕事のシーンで考えてみてもいい。

いままで先輩が何十年も踏襲《とうしゅう》して続けてきているルーティンワークがあるとしよう。それを何の疑いもなくやるのではなく、あなたが処理するときに、「本当にこのやり方でいいのか?」と一瞬でも考えてみる。「違う方法を使えば、処理速度がもっと早くなるのでは?」とも考えてみる。そう考えるあなたは立派な好奇心の持ち主である。ただ過去を踏襲するだけでは、単なる継承《けいしょう》にすぎない、そこには何の進歩もない。

## 「忘れっぽいニワトリ」にならないために

断っておくが、継承することが悪いことだといっているのではない。取り組むならば、そこに「好奇心」というインパクトを与えてみると、新しい扉が開くかもしれないということだ。

プライベートでも同じだろう。

いままでは習慣のように、休日の午前中は家でゴロゴロするのが当たり前。買い物はあの店、食べに行くならあのレストラン。決まった時間に決まったことをするのは、たしかにそっちのほうがラクかもしれない。

だが、それでは退屈ではないだろうか。私は食事にしても単なるルーティンとして考えるのが嫌いだ。絶えず「どこかおいしい料理を食べさせる店はないか」と好奇心満々だ。

普段からルーティンの生活から抜け出せなかったり、自分の性格が変えられないと悩んでいたりするのなら、一つおすすめしたいことがある。

それは、私が毎日やっている「新聞の切り抜き」である。

なんでもいい、新聞をめくって自分が興味のある記事をすぐに切り取るのだ。

ここでのポイントは、大きな記事ではなくて、小さな記事に目を向けること。ちょっと風変わりな出来事を伝えるベタ記事、あるいは囲み記事、また悩みを相談する読者に識者《しきしゃ》が答える人生相談、興味を覚えた映画、演劇、コンサートなどの批評などな ど、なんでもいいから、好奇心の赴《おもむ》くままに、ハサミ片手に記事を切り抜いてしまう。

これまでは「おや、まあ、へえ」と感じても、まるでニワトリのように三歩歩いたら忘れてしまっていた事柄をまずは切り取ってしまうことだ。これで、「読後スルー」から脱出できる。

このひと手間で「好奇心のタネ集め」ができる。そこから、「好奇心いっぱいの生き方」が始まるのだ。そうして得た情報をもとに、「よし、今度はこの店に行ってみよう」などと実行していけばいい。

# ベタ記事で想像を膨らませる

## 新聞で広がっていく楽しい日々

先の項目でも触れたが、私の情報収集の基本は新聞にある。なかでも政治や経済などの大きな記事ではなく、小さな記事、いわゆるベタ記事に目を向けようと心がけている。ここでは、より具体的に、小さな記事について話をしたい。

気になる記事は切り取っておくことを前項で書いた。ざっと目を通して面白そうだなと感じた記事は熟読する前に「とりあえず切っておく」。これが後々になって、自分の知的好奇心の刺激に大いに役に立ってくる。

少し前にある新聞で、巷《ちまた》ではいま水族館がブームという記事があった。

「水族館なんて、魚がただ泳いでいるだけだろう?」

それまでは、そんな思いしか抱いていなかった私だから、その記事はとても新鮮だったことをいまでも覚えている。

あるとき、山形県鶴岡《つるおか》市にクラゲだけを展示している『加茂《かも》水族館』の記事を見つけた。この水族館は倒産寸前の弱小水族館だったが、展示を「クラゲ」に特化することでV字回復したという水族館だ。

「なんだか、ヘンで面白そうだ」

好奇心に身を任せて実際に現地を訪ねてみた。

これがまた凄かった。工夫に富んだ展示、来場者を飽《あ》きさせない館内作り……。大きな円形の水槽の中で、クラゲがいっぱい泳いでいる姿は圧巻だった。たかがクラゲ、されどクラゲの思いで帰京したものだ。

そのクラゲ水族館から東へ向かい、JR羽越《うえつ》線を越えると鶴岡公園がある。その中に私の大好きな作家である『藤沢周平記念館《ふじさわしゅうへい》』がある。そこでは、自筆の原稿をはじめ、彼の文学的足跡がわかりやすく展示されている。彼の代表作『蟬《せみ》しぐれ』『たそがれ清兵衛』の舞台になったのが庄内藩《しょうない》、つまり現在の山形県鶴岡市である。肉好きの私は山形名産の米沢牛まで買って帰った。賀茂水族館、藤沢周平記念館、美味《うま》い肉と、じつに盛りだくさんの旅になった。

クラゲ水族館以来、すっかり私は水族館に夢中になってしまった。

東京へ戻ってからは改修作業の終わった池袋の『サンシャイン水族館』にも行った。私のような生業《なりわい》のいいところは、時間をある程度自由に使えることだ。水族館は夏休みや土日祝日は混んでいるから、平日を選んで行けばいい。好奇心の赴くままに、空いている時間を狙って好きな場所に行ける。定年組も同様だ。この特権を活用しない手はない。とにかく都会で見られる「水と魚」は稀少《きしょう》なのだ。

水族館情報の他にも、新聞にはさまざまな情報が満載だ。クラシックやジャズのコンサート情報、歌舞伎や落語、その他演劇の公演スケジュール、旅の情報からグルメまで、なんでもありだ。

目に飛び込んでくる記事に「おや、これは！」と感じたら、まずはハサミを手に取る。ちょっとでも興味が湧いたら、とりあえず切り抜く。この「ひとまず切り抜いておく」ことが大切なのだ。私の場合は、一般紙は『朝日新聞』『日本経済新聞』と『産経新聞』、そして夕刊紙は『日刊ゲンダイ』に毎日目を通していて、いつも最低でも二、三枚は切り取っておく。

面白い記事の見つけ方だが、紙面の上のほうにある活字の大きな記事よりも、下のほう、あるいは隅のほうにある小さな記事に面白いことが掲載されていることが少なくない。舞台や映画、芝居はもちろん、グルメ情報や珍しいアーティストの来日ライブの情報、読者の投書欄、面白そうなＣＤのリリース情報など、意識して読まないと見過ごしてしまう小さな記事にお得な情報がある場合が多い。

## 「まず切り抜く」の効用は何か

「なぜ新聞から記事を切り取って、スクラップをして情報を集めることが大切なのか？」

これには私なりの持論がある。

最近はインターネットを通して、クリック一発でいろいろな情報を入手できる便利な時代になった。入ってくる情報の量もスピードも、数年前の何十倍、何百倍になっている。

では、「昔に比べて多くの情報を脳に定着させ、活用しているだろうか？」といえば決してそうとはいえないはずだ。

情報は速くて多ければよいというものではない。人間の情報処理速度は限界があるからだ。悲しいかなその速度は、若い連中には勝てない。ましてや現役から退き、好奇心が徐々に弱まっている方々がインターネットで情報を得よといわれても、何から手につけたらいいかわからないはずだ。

好奇心を衰《おとろ》えさせないコツは、世の中の関心を失わないように努力をすることだ。

そのために一番簡単なのは、世の中で起きていることを、目で見て、肌で触れて、耳で聞き、舌で味わうことであり、最も手っ取り早いのが、新聞をスクラップして情報を仕入れることである。

紙の新聞の情報量は年配層には優しいし、切り取ってあとでじっくり吟味できる。古臭いやり方かもしれないが、その方法が一番効率的だと私は思う。

見出しの大きい記事も小さな記事も隅のほうまで一覧できるのも紙の新聞の特徴だろう。

購読者数が激減しているそうだが、まだまだその利用価値は健在といえる。

# 「水と魚」で心をいやす！　水族館のすすめ

## 単調な毎日に驚きを見つける

コンクリートジャングルの都心で暮らしていると、ふと水が恋しくなる。海であれ、川であれ、湖であれ、水のある場所は私たちにとって安らぎの場所である。

緑に関していえば、東京の都心は明治神宮、皇居周辺をはじめ、点在しているが、こと、水の環境に関していえば、水の都と称される大阪に比べてやや劣る。街の中心を淀川《よどがわ》が流れている大阪は、「川」「堀」といった言葉がいまも地名に残されている。

私はといえば、最近は「水と魚」を求めて、ときどき水族館に足を運ぶ。地方を訪れるときも、そこに水族館があれば時間をやりくりして水族館に行く。大げさにいえば、いま水族館は私の好奇心をクギづけにしているといってもいいかもしれない。

少し前、男鹿《おが》半島を旅したときも半島の突端にある『男鹿水族館ＧＡＯ』まで行った。「鉄チャン」でもある私は、五能線《ごのう》の列車に乗ろうと男鹿半島を訪れた。波打ち際のすぐそばに露天風呂を構えた不老不死温泉で一泊した後、水族館に足を運んだ。秋田といえばハタハタ料理だが、ここでは泳ぐハタハタを見ることができる。深海に生息する魚だけに、飼育が難しい魚だそうだ。ハタハタ以外にも、マダイ、シマダイ、ミズダコなどの水槽があって変化を楽しめる。

館名は地球（Globe）、水（Aqua）、大海（Ocean）の頭文字を取って『ＧＡＯ』だそうだ。

都心の水族館といえば、池袋の高層ビルの最上階にある『サンシャイン水族館』だろう。この水族館のコンセプトは「天空のオアシス」だそうだ。ここに足を踏み入れると、一瞬にして少し前まで都会の雑踏《ざっとう》の中にいたことが嘘のように感じる。『サンシャイン水族館』に入ってみると、まず目の前の人工の滝とうっそうと生い茂った樹木に驚かされる。「これが水族館？」というのが第一印象だ。

そして大きな水槽の前に立てば、目の前に広がる魚たちの泳ぐさまと海中の鍾乳《しょうにゅう》洞《どう》のような情景に思わず息をのむ。

クラゲがゆったりと泳ぐトンネルをくぐって、オアシスエリアに進む。思わずペンギンが空を泳いでいるように錯覚《さっかく》してしまう「天空のペンギン」も見どころの一つだ。季節によっては、夜8時まで営業しているので、ひと仕事終えてからでも行ける。

同じく、東京スカイツリーのふもとにある『すみだ水族館』もおすすめだ。この水族館で人気なのはチンアナゴだ。海底を模した砂の上に何匹も縦に細長い体を並べてゆらゆらと漂《ただよ》うように動いている。そのコミカルな様子に、私も見るたびに思わず微《ほほ》笑《え》んでしまう。都会の喧噪《けんそう》を忘れさせてくれる眺めだ。

## だまされたと思って、水族館へ

このほか、『アクアパーク品川』『葛西臨海水族園』、あるいは水族館の草分けともいえる『新江ノ島水族館』まで足をのばしてみるのもいい。さらに『沼津港深海水族館』はその名の通り、見たこともない珍しい深海の生物がたくさん飼育されている。

真っ暗な展示エリアでヒカリキンメダイという発光性の深海魚や、生物の死骸《しがい》などを食べて生きていて、ほとんど動くことのないダイオウグソクムシなどを見ることもできる。また、「冷凍のシーラカンス」が展示されているのも世界でここだけだ。

以前、この水族館の館長がテレビ番組に出演していた。駿河《するが》湾に舟を出して、水深200メートルの海底から、体を発光させるヒメカンテンナマコや、ふつうのタコとはかなり違って人面のような容貌《ようぼう》のメンダコを引き揚げる様子を放映していた。

また、愛知県蒲郡《がまごおり》市にある『竹島水族館』は〝変な生き物〟に特化した水族館であり、新潟市の『マリンピア日本海』は目の前が日本海で天気のいい日は佐渡島が見える。

それぞれの水族館には特色があり、一度館内に足を踏み入れると、子供のころに戻ったようで飽《あ》きることがない。未体験の方は、だまされたと思って一度水族館に足を運んでみることをおすすめしたい。

お金のかからない図書館通いが悪いとはいわないが、ときにはお金をかけて水族館という異空間に足を運んでみることをおすすめしたい。いずれの水族館も入場料は1000円から2000円前後だ。「なんだ、こりゃ？」と日ごろ忘れている少年のような好奇心が芽生えること請け合《う》《あ》いである。

水族館のガイドブックとしては、中村元《なかむらはじめ》氏の『水族館哲学』（文春文庫）がじつに面白い。カラー写真もふんだんで、まさに好奇心を刺激してくれる名著だ。著者は日本初の「水族館プロデューサー」の肩書《かたがき》を持ち、『鳥羽水族館』『新江ノ島水族館』『サンシャイン水族館』のリニューアルを手掛けた人でもある。

ちなみに、その中村元氏の本の副題には「人生が変わる30館」とある。現実に水族館体験で好奇心を刺激して、人生をより豊かなものにしてみてはいかがだろうか。

## 「はとバス」ツアーでバカになってみる

水族館めぐり以外に定年退職組におすすめしたいのが「はとバス」だ。

いわゆる「東京人の東京知らず」は意外と多いが、東京在住かどうかはともかくとして、東京タワーにのぼったこともない人は東京スカイツリーにも行かないだろう。

あなたが東京在住だったとしても、ここはおのぼりさん気分で、ぜひ「はとバス」の「東京スカイツリー入場券付きのコース」がおすすめだ。

「バカとニワトリは高いところにのぼりたがる」というが、この際、バカになって標高250メートルの展望デッキ、さらに450メートルの展望回廊《かいろう》までのぼってみてはいかがだろうか。眼下に広がる東京の風景は一度は味わってみたいもの。壮観である。

さらに同じ「はとバス」の「東京パノラマドライブ」「豪華ランチ付きコース」などバリエーションも豊富だ。

「水族館めぐり」や「はとバス」ツアーも、実際に体験してみるとじつに楽しい。本を読むことは好奇心の刺激には大いに役立つが、ときには寺山修司《てらやましゅうじ》の『書を捨てよ、町に出よう』を実践して好奇心を刺激してみてはいかがだろうか。

# 「手書きのメモ魔」の脳は衰えない

## 「!」「?」と感じたら、すぐメモる

かつて新聞記者だったからかもしれないが、私は常日頃から、気になったことは片っ端からメモを取るようにしている。街を歩いているとき、本、雑誌、新聞を読んでいるとき、「!」「?」と感じたら、すぐにメモを走らせる。

最近はスマートフォンの普及で、電話のメモ機能を使う人も多いが、私は手書きをすすめたい。とくに中高年齢者は、手書きのメモを習慣にするといい。

脳科学的に考えても、手書きのメモは、当然手先や指先を使うので、脳を活性化させる。文字を紙に書くという行為は、筆に圧力をかけなければならない。筆圧をかけ

ることは、手先のよい運動になるので、ボケ防止にもなることはさまざまな研究で証明されている。

次に、手書きでメモを書くと、漢字を忘れない。最近はパソコンと携帯の普及で「漢字を読めるが書けなくなった」という人が、世代を問わず増えている。

「あれ、あの漢字、どうやって書くんだっけ？」

そう感じる機会は、手書きのメモから離れて、パソコンや携帯電話に頼る時間に、正比例して増えるに違いない。一方、手書きで漢字を書くとそれを覚えるし、またそれをいつでも使える。

そして、これが手書きメモの一番の効能であると思うが、手で書くと、物事を覚えやすくなるのだ。

多くの脳科学者たちが、いろいろな研究で証明しているが、人間の脳というのは、短い間だけ覚えていること（短期記憶）と、時間が経過しても覚えていること（長期記憶）に分類される。

短期記憶とは、どういうものか。

たとえば、あなたがコンビニエンスストアでビールを一缶買ったとしよう。レジで店員から「２５７円です」といわれれば、その金額を聞いて財布からお金を出す。その際、お金を支払うその場では、金額を覚えていられるが、10分後にはたったいま払った正確な額をほとんどの人が忘れているはずだ。これが短期記憶である。

一方、長期記憶とは、何年、何十年と覚えている事柄のことだ。奥さんの名前、住んでいる住所などだ。どんなに時間が経っても忘れないこと、これが長期記憶である。

最近の研究によると、人間の脳の短期記憶を司《つかさど》る場所は、せいぜい三つくらいのことしか記憶するスペースがないそうだ。つまり、ふつうの人間は、瞬時に聞いたことを、せいぜい三つくらいしか覚えられないということなのだ。

## 「覚えよう」と「繰り返す」が脳を活性化

では、短期記憶を長期記憶にするためにはどうしたらいいか？

一番の方法は「書いて、それを読み返す」ことである。それを何度も繰り返せばいい。

よく、メモを取っているけれども、書きっぱなしであとから読み返さない人がいるが、あれは書いてないのと同じ。どうせ書くのであれば、それを自分の血肉にしなければならない。そのために必要なことは、書いたら少しの時間でも使って何度も読み返すことが大切だ。電車の移動時間でも、散歩の途中でもいい。覚える必要があるメモは、そうやって何度も見ていると、短期記憶が長期記憶になる。

長い期間記憶に残っていることというのは、意識的にも無意識的にも、その言葉を繰り返し使ったり、言葉として発したりしているからだろう。

たとえば、奥さんの名前は、何千回と繰り返しているから覚えているにすぎない。日常で使っている言葉も子どものころから何千回、何万回と使っているから長期記憶として定着して、無意識のうちに使うことができるわけだ。

「繰り返す」が長期記憶につながるのである。

たとえ中高年齢者になっても、意識的に「覚えよう」とすることは、脳の活性化を促す。これは最近の脳科学の研究でも証明されている。

イギリスのロンドン大学エレノア・マグワイア博士らは、複雑で有名なロンドンの道を走るタクシードライバーの脳の大きさを調べたという。

すると、タクシードライバーの経験が長ければ長いほど、記憶を司る「海馬《かいば》」という部位の体積がより大きかったという。つまり、脳の記憶装置は、それを刺激してやることで、どんどん大きくなるということだ。

いくつになっても記憶力がいい脳でいるためには、好奇心を研ぎ澄ませて、気になったことはすぐに手書きでメモを取る。そして、それを繰り返して読んで覚える。長期記憶として定着すれば、いつでも使える知識として自分の一部になるわけだ。

ちなみに、私自身、パソコンのワードも使うが、原稿を書くときは基本的に手書きである。そのほうが、思考がスムーズで書くスピードも速い。

「独特の書体ですよね」

担当編集者からしばしばそういわれる。

もちろん、褒め言葉ではない。

この場合「独特」を翻訳すると「読みにくい」あるいは「悪筆」ということである。私の原稿をワードに打ち直して入稿データにしなければならない担当編集者には申し訳ないと常々思っている。

しかしながら、少しでもいい原稿にするために手書きで脳を活性化しているのだとご理解いただければとも思う。

# 第2章

# 好奇心を育てるきっかけは行動力

# 「面倒くさい」を楽しむようにする

## 「あえて面倒なことをやってみる」を日課に

「面倒《めんどう》くさいから、出かけるのはやめよう」
「面倒だから、人と会うのはやめよう」
「面白そうだけど、面倒だ」

そんなふうに腰が重く、いろいろなことを面倒がっている生活を続けていると、脳細胞はどんどん死んでいき、アルツハイマーや認知症になる確率が高くなる。

私は、「あえて面倒なことをやってみる」ということを毎日心がけている。

つまり「ラク」をするよりも、とにかく腰をあげて面倒なことをあえて選ぶ生活を送ってみるのである。とくに年をとったら、意識して腰を軽くすべきだ。

たしかに、日頃から面倒なことを避けて、ラクなほうばかりを選んでいる人に、明日からライフスタイルを変えろというのも無理な話かもしれない。

だが、ちょっとしたことで、この「面倒くさい」という気持ちは心からスッとなくなるものである。その原動力になるのが「世の中への好奇心」だ。

「あれは何だろう、あれはなぜだ？」

ちょっと大げさな物言いになるが、森羅万象《しんらばんしょう》に対して、そうしたスタンスを維持していると「面倒くさい」と思う暇《ひま》がなくなる。

たとえば、出不精《でぶしょう》だけれどジャズが好きで、ときにCDを買って聞く人がいるとしよう。そういう人は是非、新聞のイベント情報を見てほしい。

そこにもしジャズに関するライブやコンサート開催の告知記事などがあれば、まずはそういう場に足を運んでみる。最初は、「出かけるのが面倒だ」という気持ちがよぎるかもしれないが、とりあえずは行ってみる。

同じように、美術に好奇心があるなら展覧会に、野球に興味があるなら野球場へ、落語が好きなら演芸場へ、「ライブ感」を味わいに街に出る。一度その楽しさに気づいたらしめたもの。あとは好奇心に身を委《ゆだ》ねれば、あちこちに出かけたくなること請け合いである。

## もともと、人生は面倒なものなのだ

日頃のちょっとしたことからでもいい。

「面倒くさい」がボケのはじまりなのは、何も趣味だけの話ではない。生活のさまざまな折にも、「面倒くさい」を封印してみるべきだろう。

たとえば洋服一つとっても、前に触れたが、万年パジャマは論外として、家のなかにいるような格好で家の近所をフラフラするのはいかがなものか。

家にいるときならともかくとして、出かけるときには、たとえ近所への買い物でも「TPOにあった服装」ということを考えるのが常識だろう。

小洒落《こじゃれ》たレストランに行くなら、お気に入りのジャケットを着てみる。いつもスニーカーではなくて、たまにはオシャレなシャツとアウターを身につけて、ローファーでライブに行く。こんなちょっとした気づかいでいいのだ。

私の場合は、そういう場所に行くときはもちろんだが、はじめて会う人や異業種の人に会うときも、まず「何を着ていくか」から考える。

これは私の個人的な流儀なのだが、いわゆる「よそいき」こそ、そういう人に対する基本的なマナーだと思っているのだ。相手は人ばかりではない。レストラン、劇場、展覧会場など、その場所とそこで行われているサービス、イベントへのリスペクトの気持ちの表し方なのだ。

毎日、同じ服装、同じ場所、同じ人、同じ行動を取るのではなく、服を替え、行く場所を変え、会う人を変える。そしてバラエティに富んだ行動を「面倒くさがらずに」やってみること。その姿勢がとても大切だということだ。

『置かれた場所で咲きなさい』というベストセラーで話題になったノートルダム清心学園元理事長の渡辺和子《わたなべかずこ》さんは、こう述べている。

「面倒だから、やろうか、やるまいか悩んでいるのであれば、やる方を選びなさい。その積み重ねがあなたを美しくする」

美しくするだけでなく、人間が磨かれるのだ。

よくよく考えてみれば、もともと人生とは面倒くさいものだ。好奇心を満たすためには、ある意味で面倒くさいこともしなくてはならないだろう。

だが、その面倒くささの先に達成感とともに喜びが見えてくるのだ。

一度だけの人生なのだから、その面倒くささにとことん付き合って、楽しんでみてはいかがだろうか。

# 友は一緒に「野次馬」になれる人がいい

## いつも「新しい自分」でいられるように

　最近はインターネット、ＳＮＳの普及で、多くの人とネット越しにつながれるようになった。いつでも、どこでもさまざまな人とつながれるので便利かもしれないが、私はインターネットに頼った人とのつながりには「？」である。依存しすぎるのは、いかがなものかと思う。

　私は、ネットで何十人、何百人とつながるよりも、会って話をしたりして、本当に信頼している数人の友人を大切にしたほうがいいと考えている。

「こいつは」と、自分が認める何人かの人間と付き合うだけで人間関係は十分だ。しかも、過度にベタベタする必要などまったくない。たまに電話で連絡を取り合うぐらいがちょうどいい。

そういう気心の知れた友との会話も、ただ他愛《たあい》のない世間話をダラダラとするのではなく、いつも好奇心を持っていたい。

たとえば私の場合、気の置けない友とのやりとりは1ヶ月に1、2回。こちらから電話をしたり、先方から電話がかかってきたりだ。

だいたい、「ちょっと飯でも食おうよ」という話からはじまる。そしてお互いが十中八九聞くのが「最近、何しているんだ？」という話題になる。

そこから私がたとえば、「この間○○っていうオペラを観てきたよ」と話すと、「ほう、オペラなんかに興味があったのか。詳しく聞かせろよ」という流れになり、お互いが最近興味を持っていることについて会話を交わし合う。

つまり、常に「自分のいま」「新しい自分」を交換し合える友が大切なのである。

サラリーマン時代もそうだった。

「面白い奴がいる」「面白い店がある」「変わった商売をやっている女性がいる」「め

ちゃくちゃ面白い落語家がいる」などと情報を交換し合い、すぐに会いに行ったり、足を運んだりしたものだった。

もちろん、期待を裏切られることもある。だが、期待を大きく上回るような体験をすることもある。

脱サラ後、私が生業にしてきた出版プロデュース業での大きなヒットはすべて、そんな「野次馬《やじうま》根性」がきっかけになったものばかりだ。

## まず一歩、足を踏み出してみる

定年を迎えると、ほとんどの人がこの「野次馬根性」が影をひそめる。「言」も「動」も控えめになる。人と会ったり連絡を取り合ったりする回数が激減するのは、人生をつまらなくしてしまう。

とくに団塊《だんかい》の世代は、仕事一筋で生きてきた人たちが多いから、毎日、会社で当たり前のように接していた気の合う同僚とコミュニケーションが途切れると、どうしたらいいか戸惑《とまど》う人が少なくない。

職場の同僚とは公私共に仲がよく、プライベートでも交流がある人なら問題ないが、仕事を辞めて仕事関係の友人もなくなったらどうするか？　まずは積極的に自分の住んでいる地域の人とつながることである。

ある会社が、団塊世代約６００人に「定年後には何をしたいか？」というアンケートを取った結果、大きく六つに分かれたという。

①「いろいろなことにチャレンジして、積極的に自己実現したい派」
②「にぎやかに夫婦や家族や友人と生活したい派」
③「できるだけ海外で暮らしたい派」
④「自然の中でスローな生活を送りたい派」
⑤「極力面倒なことは避けたい派」
⑥「人や社会、地域のために役立ちたい派」

この六つの中で一番多かったのが、最後の「社会貢献派」なのだそうだ。

多くのサラリーマン、とくに都会で生活している人は、現役時代は地域社会の人間関係とは無縁の人が多いだろう。日本のサラリーマンは地域を通しての人間関係よりも、会社という地盤での人間付き合いが多いから仕方がないともいえる。たしかに新たに地域のコミュニティーに入っていくのは、なかなか難しい部分もある。

しかし、「好奇心」でまずは一歩踏み出していくことだ。

## 「野次馬根性」から新しい展開が始まる

サラリーマン一筋40年だった、とある66歳の男性がいる。

彼はとくに趣味もなく、サラリーマン時代の休日は、毎週家でゴロゴロしていた。案の定、退職後は何事にも意欲を感じることがなくなったという。

ある日、ぶらりと散歩に出たとき、街の掲示板に、畑用の土地を安価で貸してくれるというポスターに目をとめた。そして、思いついたのが畑仕事をはじめること。

「野次馬気分でやってみるか」

そんな思いで実践しはじめた。サラリーマン時代には某有名企業で気配り一筋の営業、そして役員にまで上り詰めた男だったが、彼は畑仕事でもその気配り上手をいかんなく発揮した。たまたま気になった隣の畑の雑草をさりげなく抜いたりしていたところ、その畑の持ち主から声をかけられるようになったという。

そこから次々と友人の輪が広がり、収穫した野菜を使って地域の人を集めてバーベキューをしたり、畑づくりのコツを教えてもらったりして、天気がよければ、ほとんど毎日畑に通い詰めているという。

これも「野次馬根性」から生まれた新しい人間関係といえる。

「地元でなかなか自分の居場所が見つからない」

「どう地元に溶け込んでいったらいいかわからない」

そう感じる人も多いだろう。だが、それほど難しいことではない。ちょっとしたきっかけでいい。要は、何かに好奇心を感じたとき、まず一歩足を踏み出してみることなのだ。

ここでも私は繰り返しいいたい。

「その一歩が、あなたの人生の新しいステージを提供してくれる」と。

# スケベ心は大いに結構だ

## いくつになっても恋心を抱いていい

拙書の中でこれまでも書いてきたが、私はいくつになっても異性に興味を持ち続けるべきだと思っている。それは、男も女も、である。

異性に興味をもつこと、これは定年後の人生を有意義に過ごすための必須条件といえるかもしれない。異性とは、もちろん夫や妻でもいいし、そうでなくてもいい。

一般的にラテン系の人たちは、いくつになっても誰かに恋をしていて、それを公然と悪びれずにやっている。見ていて清々しかったりもする。

かなり前の作品だが、キューバ音楽にのせてキューバのミュージシャンの日常を描いた『ブエナ・ビスタ・ソシアル・クラブ』という映画があった。

その映画に登場する93歳のミュージシャン、コンパイ・セグンドは黒のスーツにグレーのパナマ帽というういでたちで、葉巻をくわえながらこんな言葉を吐く。

「人生で大切なものは、女と花とロマンス。私はいまも現役だよ」

90歳を超えても恋心を失わない。私自身、もちろん「異議なし」である。

ただし、気をつけなければならないことが一つだけある。断言するが、婚外恋愛は、家庭生活とは「別腹」だと考えておくことだ。鉄則である。

これがわかっていないと、知らぬ間にのめり込み、気づいたら男女間の泥沼《どろぬま》関係で家庭崩壊寸前などということになる。若いころから恋愛に慣れていない人間が陥りやすいので要注意。

相手のプライベートな領域に深入りせず、こちらのプライベートな領域にも深入りさせない。それをお互いにわかっていないと婚外恋愛はうまくいかない。

## 女性は突然豹変することを忘れない

私の経験からいえば、女性はどんなタイミングで心変わりするかわからない生き物だといえる。

ある日、あるときの男性の些細《ささい》な行動や言動、あるいはしぐさで女性の気持ちは一変したりする。少し前まではベタベタだったはずなのに、1秒後には「そばに来られるのも嫌だ」になることもある。これは男性には決して理解できない生態である。

では、いままで仲よくしていた女性が、突然自分と距離を取りはじめたらどうするか？　男には理解不能な領域なのである。

「オレのどこが嫌いなんだ？」

人によっては、そう問い詰めるかもしれない。だが、それはまったく無駄なこと。

さらにいえば、中高年男性が、それをやるのはみっともないことといえる。

それを不満に感じたり、気に病《や》んだり、あるいは怒りをぶつけても、何の役にも立たない。イソップ寓話《ぐうわ》にたとえれば、旅人のマントを脱がせようと風を吹かせるようなものだ。ますますマントの襟《えり》を立てはじめるだろう。

それは黙って受け入れて「そういうものだ」と割り切るしかないのだ。

女性の心情の奥底はわからない。わかろうと努力しても徒労に終わる。そもそも、「男と女はわかり合える」などと考えること自体が間違いなのだ。

女性の生態がわからずに、連絡がしばらくないからと、しつこく追いかけたりすると間違いなく泥沼にハマる。放っておくしかないのだ。心変わりして、向こうが会いたくなれば、連絡してくる。あるいは、以後ナシのつぶてということも十分にある。

「なんで連絡よこさないいんだ」

こんな言葉で女性を問い詰めるのは最悪だ。モテない男のやることだ。

恋愛においては、女性の言動をいちいち論理的に追求しても意味がない。男性の「なぜ、なんで」は通用しない。強《し》いていえば、ただ「なんとなく」しかないのだ。

とりわけ婚外恋愛においては絶対に忘れてはならない。肝に銘じて付き合わないと、手ひどい目に遭う。

「30年にわたって女性心理を研究してきたにもかかわらず、解答の出せない問題がある。それは『女性が何を求めているか』である」

ジークムント・フロイトの言葉である。

精神分析に大きな足跡を残した人物でさえこうなのだから、凡人にはわかるはずがない。

# ひとり行動を楽しむ生き方

## ひとりに慣れると身軽になる

食事、映画、コンサート、演劇、展覧会、旅行、何であれ、私はひとりで行動することが少なくない。とくに、映画、コンサート、演劇などは、ほとんどひとりで楽しむ。二人分の席を確保したり、相手に気を遣ったりする煩《わずら》わしさがないから、というのが大きな理由だ。

サラリーマン時代にひとりで飲みに行ったり、折に触れひとりで食事をしたりすることが多い人は、ひとり行動をするときの振る舞い方などを身につけているだろうが、そんな経験に乏《とぼ》しい人が年齢を重ねると、ますますひとりで行動することが億劫《おっくう》になってくるだろう。

「なんでも女房に任せてある、オレより元気だから大丈夫」

そう思っている人がいるかもしれない。たしかに日本の平均寿命は男性よりも女性のほうが高いのは事実だし、女性が年を取っても元気なことは間違いない。温泉地などでも、異常なほど元気な中高年女性のグループに遭遇するが、男性のそれはじつに少ない。中高年男性のグループは、旅行の電車の中でもまずほとんど見かけない。以前は、ゴルフ旅行のグループもいたが、最近はそれもほとんど見かけなくなった。

## 「ひとり＝寂しい、悲しい」ではない

最近、よく見かけるのは中高年の夫婦連れだ。

これはこれで好き好きだが、いつまでも伴侶《はんりょ》が元気だという発想は捨てたほうがいい。たしかに自分よりも長生きしてくれるなら、それはありがたい話だが、そんな保証はどこにもない。「もしも」が突然訪れ、ひとり取り残されたときにどうしていいかわからなくなる。

「ひとりじゃ何もできない」

そんな現実を知ってからでは遅すぎるのだ。

そのためにも、ひとりでいることとはどういうことかを前もって経験しておく必要がある。もっとも私自身は、若いころからひとり行動中心で生きてきたから、ひとりの楽しみ方、その流儀を身につけてきたつもりだ。

ひとり行動に慣れていない人は、その行動方法や所作に戸惑う以上に「精神的な孤独感」に苛《さいな》まれるのが辛《つら》い。ひとりが不慣れだと、ひとりになったとき「寂しさ」「悲しさ」によってマイナス思考に陥りがちになる。

だからこそ、そんな状態になる前に、「ひとり行動」「ひとり時間」を楽しむ訓練と準備をしておいたほうがいい。

## 「おひとりさま」への具体的な準備

とにかく、家にいるにしても、出かけるにしても「ひとり癖《ぐせ》」をつけることだ。

出かけるなら、どこでもいい。まず、どこかにひとりで行ってみよう。

最初は近所の散歩でもいいし、妻がひとりで出かけるなら、それに合わせて自分もひとりでどこかに出かけてみることだ。そして、徐々に行動範囲を広げていく。

次は、あなたの日々の生活に必要なことを、誰かに任せずに自分でやってみること。つまり、炊事や洗濯、掃除になれること。

いままですべて伴侶任せだった人は、もしかすると憂鬱《ゆううつ》な気分になるかもしれない。だが、はじめは遊び半分、面白半分でもいい。自分ができそうなものから挑戦してみることだ。

この場合も忘れていけないのが、自分の好奇心を大切にすること。食べることが好きな人なら、いままで人任せだった料理にチャレンジしてみるのもいい。

最近は外食続きでかたよりがちなひとり暮らしの高齢男性向けの「シニア向け料理教室」が人気になっているそうだ。包丁も持てない男性が、試行錯誤で一汁三菜《いちじゅうさんさい》を作れるようになるとか。結果、かなりの料理上手になっていく人も少なくないという。

## 「年寄り病」を患っていないか

「年も年だし……」

「男が料理なんて」

そんな思いの方がいるかもしれない。そんな方に、興味深いエピソードを紹介しよう。

料理研究家の小林まさるさんという方をご存じだろうか？

昭和8年生まれの元炭鉱技術者。現在90歳、この小林さんだが、なんと、料理研究家になったのは78歳のときだという。

ご長男の奥さんが料理研究家で、彼女が多忙を極めていた折に、見るに見かねて手伝いはじめたのが、小林さんが70歳のときだった。その後、アシスタントを経て料理研究家になった。そして、いまでは料理本を出版するなど、多忙を極めているという。

その小林さんはこんなことをいっている。

「『年寄りだからやらない』のは年寄り病だ、そんな考えは早く捨てたほうがいい」

私もこれには諸手《もろて》を挙げて賛同する。

とくにサラリーマン時代に役職についていた人間、大企業の重役だった人などは肝に銘じておいたほうがいい。

いつまでも誰かが何かをやってくれると思ってはいけない。肩書、キャリアなど、辞めてしまえば何の役にも立たない。元社長も元会長もただの人だ。

高齢者専門の病院を兼ねた施設で働くあるナースに聞いた話だが、いつまでも「昔の名前」が忘れられず、威張り散らしている高齢者の入居者は、まわりの入居者から敬遠されるし、見舞客も少ないという。逆に過去のキャリアなど口にせず、万事において人当たりがよく、前向きな入居者には頻繁《ひんぱん》に見舞客が訪れるという。

若いときから「ひとり時間」「ひとり行動」の楽しみ方、その流儀を身につけていないと、「年寄り病」を患《わずら》い、「孤立の日々」を送ることになってしまう。

# 志は高く、そして腰は低く

## 少し背伸びした目標を立てる

何度か述べているが、やりたいことがあるならば、年齢に関係なく、目標や志を持って行動するのはとても大切なことだ。とくに定年退職した後は、意識的に生きがいや人生の目標を見つけたり、自分の趣味や特技を洗い出したり、好奇心を刺激するネタ探しを意識的にやるべきだ。

加齢によって、ただでさえ瞬発力、柔軟性が失われていく。だからといって、暴走してはならない。とくに、お金の使い方にはくれぐれも要注意だ。

退職金などまとまった金が入ってきたり、長い間貯めていた定期が満期になったり、年金の受給がはじまったり、子どもが独立したりして、自由に使えるお金が増えたりしたときが危ない。

そういう状況になって、無計画のまま起業したり、慣れないギャンブルに手を出したり、真面目一辺倒だったのに女性にのめり込んだり、悲惨な状況に陥ったケースを私は数多く見てきた。そうなってからでは遅い。もう取り返しがつかなくなる。


だからといって、お金の使い方を含めた生活スタイルを守備だけに徹して、攻撃的な好奇心の芽生えを封印してはいけないが、第二の人生も、仕事の進め方と同様に、自分なりのタイムスケジュールと予算の管理が欠かせない。

自分が長期的、中期的、短期的には何をしたいのか？

定年後は、それを考えるべきだ。

目標は大きく設定したほうがいいとも限らない。自分が満足できるのであれば、目標設定が小さくてもかまわないのだ。

日本百名山を制覇するでもいいし、仕事に追われて若いころ観ることのできなかった映画を片っ端からハシゴするのもいい、地域貢献のためにボランティアにチャレンジするでもいい。どのぐらいの時間をかけて、どのぐらいの費用を使って、自分の趣味にのめり込んだり、特技を伸ばしたりするのか、まず具体的に洗い出してみることだ。

等身大の目標ではつまらないから、いくらか背伸びをする程度に目標を設定する。それを実現できたら次の目標設定という具合に、ステップアップしていく。

## どこかに謙虚さを忘れていないか

ただ、新しいジャンルに挑戦するにあたって、忘れてはいけないことがある。そのジャンルをはじめて手がけるのなら、素人《しろうと》であることを自覚すること。とくに誰かに教えを乞うような場合には、たとえ相手が年下であろうと腰を低くして接することだ。

簡単なようで、中高年者の中にはこれを不得手にしている人が多い。「オレがこれまで何をやってきたと思っているのか」「金を払っているのだから当然」「年長者は労《いたわ》られるのが当たり前」などと思っていると、周囲の若い人から煙たがられる。

いまの若い人の多くはそういう面ではなかなか利口だから、露骨に不快な表情を見せたりはしないが、それなりの対応しかしてくれない。あとは黙って距離を置きはじめるだけなのだ。

なにも卑屈《ひくつ》になれというのではない。人としての最低のマナーだけはわきまえておくべきだということだ。中高年はとかく頭《ず》が高くなりがちだ。

これは何事においてもいえること。

たとえば、「ありがたいな」と感じることを誰かにしてもらったら、素直に「ありがとう」と礼をいう。レストランで食事が美味《おい》しかったら、帰りがけにウェイターに「美味しかったよ。ごちそうさん」とひと声をかける。たとえ短い時間でも自分の人生を楽しませてくれる人には、素直に感謝の気持ちを表すべきだ。

あらゆるシーンで。これができない中高年者に出会った経験があるのは、私だけではないだろう。

## 「恥ずかしい」ではすまされない

定年後は現役時代に比べて、毎日人と会う回数が減ってくる。仕事がなくなれば当然である。その場合、なおさら人との接触があったら、その一つ一つを大切にするべきだろう。

昔から男と女の理屈で説明できない縁のことを「縁は異なもの味なもの」というが、これは男女の仲だけのことではない。性別、世代を問わず、どこで誰とつながるかなどわかるものではない。たった一回会っただけで、それが死ぬまで続く関係になるかもしれない。

2016年に内閣府が行った調査によると、60歳以上の日本の高齢者で、「困ったときに助けてくれる家族以外の人がいない」と答えたのは約26パーセント。四分の一だ。これは、ドイツやアメリカ、スウェーデンよりもはるかに高い比率だという。

日本人は「恥の文化」の中で生きているから、みっともないこと、出しゃばったことはしないのが一般的な大人の考え方だ。それに対して欧米には宗教がベースとなるコミュニティー社会がある。この違いが大きい。致し方ないことかもしれない。

しかし、いつまでも「恥ずかしいから、仕方ない」ではすまされない。趣味仲間、コミュニティー仲間、ボランティア仲間、友だちの友だち……。ちょっとした心がけ次第では、第二の人生において新しい、そして有意義な人間関係を築いていくこともできるのだ。

## 寂しい余生を送りたくないなら

無理にネットワークを広げて、ベタベタとした関係を築く必要はない。だが、何歳になっても好奇心を保ち続けて、それをタネに進化していくためには、常に誰かに何かを学ぼうという気持ちが必要だ。

若い世代はもちろん、同世代の人間から見ても「横柄《おうへい》なジジイ、横柄なババア」が目につく世の中だ。だからこそ「謙虚な年長者」は他人との距離を縮めて、自分の好奇心の可能性が広がることになる。

先日コンビニに立ち寄った際、不慣れな日本語とレジ打ちであたふたしている東南アジア系の研修生に対して「モタモタするな！　早くしろ！」と怒鳴《どな》っている老人に遭遇した。

冷静に考えてみればわかることだ。労働人口が減少し続ける日本において、海外からの労働力というのは必要不可欠だ。そんな状況であるにもかかわらず、一生懸命異国の地で仕事を覚えようとしている若者に、罵声《ばせい》を浴びせる暴走老人はちょっと寂しい。

「謙虚にして驕《おご》らず」

『生き方』をはじめとして、自己啓発、経営関連の著作のある京セラの創業者、稲盛《いなもり》和夫《かずお》氏の名言である。

# 食べることに自分の「哲学」を持つ

## 丁寧に食べ物を味わう感動

死ぬまでに自分があと何回、食事をすることができるか？

そんなことを考えたことはあるだろうか。


たとえば、あなたが70歳だったとしよう。

１日３回食事をして、あと20年生きるとすると、残された食事の回数は約２万回だ。

これを多いと考えるか、少ないと考えるかは人それぞれだと思うが、そんな発想をするのも、私自身が人一倍食に対して貪欲《どんよく》だからかもしれない。

貪欲といっても、大食いの大食漢《たいしょくかん》というわけではない。また、健康にこだわった志向の食事を心がけているわけでもない。

最近、健康のためにやたらと食べ物に神経質になっている人が多いが、いかがなものかとも思う。美食を追求するのは大いに結構だが、「やれ肉は食うな」、「脂肪は控えろ」、「中高年は粗食《そしょく》であれ」などとまるで正義を振りかざすように主張するのは、おかしいのではないか。

「そのときに食べたいものを食べる」

私の食事の哲学の基本中の基本である。


そして、美味しい料理のためなら、少々遠いところでも足を運ぶ。新聞や雑誌、チラシ、あるいはテレビ番組などに紹介された店や、食べ物の趣味が合う知人や友人からの情報も参考にする。

フレンチ、イタリアン、日本料理など、料理のカテゴリー別に行きつけの店はあるが、マスコミの情報よりもたしかなのは、グルメの知人が「ここは美味しいよ」と推薦してくれる店だ。

ただ、毎週欠かさず買って読んでいる『週刊文春』『週刊新潮』のそれぞれで一ページ連載されている食べ物店ガイドの記事はけっこう参考になる。掲載時からしばらくは混雑しているので、時間がたってから足を運ぶこともある。

私がとくに好きなのは肉である。とはいえ、ほとんど好き嫌いがないので魚も野菜も食べるが、どんな食材であれ、私が大事にしていることは、「旬のものを適量だけ食べる」ということだ。

春夏秋冬、旬のものをその素材の味を味わえる調理法で食べる。

素材の味を存分に楽しむためには日本料理がベストだと思うが、フレンチやイタリアンでもいい。どんな調理法でもいいが、食べる量には注意する。言い尽くされているが「腹八分目」は守っている。量はほどほど。これが大切だ。シェークスピアの「ヴェニスの商人」にはこんな箴言《しんげん》もある。

「人間は、何も食べずに飢《う》えて病気になるのと同じく、食べすぎて飽和状態に陥ってしまうとやはり病気になる。だからほどほどでいるということは、決して中くらいの幸福どころではないのだ」

食べるのは多すぎても、少なすぎてもいけない。「ほどほど」がよいという考え方は、いまにはじまったことではないのだ。

食に限らず、なんであれ貪《むさぼ》りつくすようなスタンスは、せっかく得られた快感、感動を台無しにしてしまうことがある。適量をゆっくりと味わい尽くす。これが基本だが、ときには、お茶漬けをサラサラ、そばをズーッと音を立ててすするという食べ方もありなのだ。

ただし、言わずもがなのことだが、海外、とくに欧米ではスープはもちろん、音を立てて食べるのは禁物だ。

## 「ゆっくり味わう」は脳の活性化を促す

ほかの趣味などについても同様だが、食に関しても、芽生えた好奇心には従順に従って、いろいろな店に行ってみるといい。味覚のバリエーションが広がる。

ただ、人によって食は好き嫌いがはっきりと分かれる。雑誌の記事で絶賛している店に行ってみたが、それほどでもないこともあるし、知人が太鼓判を押した店でも、期待ハズレに終わってしまうこともある。

だからといって、私はハズレに懲《こ》りて新規開拓をやめたり、同じ店ばかりに通ったりなんてことはしない。

常に挑戦、パイオニア精神を忘れないことが大切だ。

たとえはじめて行った店の味が、自分の口に合わなかったとしても、自分がどんな店が合わないのか、少しずつわかってくる。それを繰り返すと、その店の面構《つらがま》え、メニューの内容などから、なんとなく「この店は自分の舌に合うか合わないか」がわかるようになってくる。

そうやって出会えた美味しい料理というのは、美味しさと満腹感だけを提供してくれるのではない。美食を味わうということを通じて、五感を駆使してその情報を脳に送っている。

またゆっくり味わうことで、唾液《だえき》がたくさん分泌される。

最近の研究でわかったことらしいが、唾液には人間の神経繊維《せんい》の成長を促《うなが》すＮＧＦ（神経成長因子）と呼ばれる物質が含まれているそうだ。つまり、美味しいものをゆっくりと味わうことは、脳の活性化にもつながるのである。

## 味覚、嗅覚、視覚をフルに楽しむこと

忙しいサラリーマンならまだしも、定年後は食事をゆっくり摂《と》る時間ぐらいあるはずだ。一回の食事にも真剣になったほうがいい。電車に間に合わないからと、朝食をかき込むこともなくなったのなら、一回の食事にも時間をかけて味わうべきだ。

コンビニやファストフードや立ち食いそばが便利だからと思う気持ちはわかるが、「とりあえずお腹空いているからなんでもいい」という発想はちょっと寂しいと感じる。ましてや年配になればなおさらではないか。

私のまわりを見ていると、食に対して好奇心を失わない人は、生き方も前向きだし積極的だ。

「味覚が似ている人とは、人間関係が滑《なめ》らかに進む。それが女性なら、セックスの相性もいい」

これは私の持論である。

食べることは人間が生きる上で必要不可欠な行為だし、それがなくなるということは死を意味する。年をとるほど、この「食」に対する真面目さ、ひたむきさを失わないようにするべきだろう。

視覚、聴覚、嗅覚、味覚、触覚――。食に好奇心を抱かない生き方は、せっかく授かった五感のうちの味覚と嗅覚はもちろん、視覚さえも十分に楽しめないことになりはしないか。もったいない話である。

食こそ、残りの人生を最高に楽しく生きるヒントといえる。

# 行きつけの店で「食の好奇心」を満たす

## 気に入った店には何度か通う

若いころから、私の趣味の一つは食べ歩きだが、いまでもどこかに美味《うま》い店はないかと探索する日々を続けている。考えてみれば「もっと美味《おい》しいものはないか」という思いから、それを追い求めたがる感情も好奇心の一種だろう。何十年もこんなことを続けているから、どの街のどの店が美味いかというデータは、けっこう頭の中に入っている。

イタリアンならここ、中華ならあそこ、銀座のあの店はフレンチが美味い、和食を食べるなら新橋ならあそこ、渋谷ならあっち……といった具合だ。

何十年も通っている、いわゆる「馴染《なじ》みの店」も何軒かある。馴染みの店にする基準は、料理が美味しくて、雰囲気がよくて、値段がリーズナブル、この三つだ。新聞や雑誌で見つけたり、街を歩いていて見つけたり、知人に聞いたりして店に入ってみる。気に入ったら、何度か通う。一度の「ああ美味しかった」で終わらせないのも、食への好奇心の育て方といえる。

2、3週間に一度くらい通っていると、店主がこちらの顔を覚えてくれる。「今日は、今年はじめて新子《しんこ》（「コノシロ」の幼魚）が入ったので、握りでいかがですか」

そんなうれしいサービスをしてくれたりする。

このような「行きつけの店」をあまり遠くないエリアで、さまざまな料理ごとに何軒か持っていると、気軽に足を運べる。相手は料理のプロだ。そんなプロが丁寧《ていねい》に旬の食べ物を教えてくれ、美味しく調理してくれる。こういうお店はいつまでも大切にしたいものだ。

## 「行きつけの店の輪」を広げていく

そんな「行きつけの店」の店主と懇意《こんい》になるといいこともある。

「この辺りで、お寿司が美味しい店、知っていますか?」

店主の手が空いている時間を見計らって、そんなリサーチをしてみるのだ。

相手は食のプロだ。ジャンルは違っても美味しい店を知らないはずがない。そして、そうやって教えてもらった店に足を運んでみるのだ。

「〇〇の店主に教えてもらって来ました」

紹介してもらった店では、この挨拶を忘れてはならない。

それを聞いたほうは、同じ道のプロから推薦されたとなれば悪い気はしない。また、供する料理はもちろんのことだが、客あしらいにも気をつかってくれるだろう。

こうやって「行きつけの店の輪」を広げていけば、ふつう以上に美味しいものを堪《たん》能《のう》できる機会も増えていくし、自分の舌も磨かれていく。

ときに、そんな自分の「行きつけの店」がテレビ、雑誌などで紹介されたり、場合によっては「ミシュラン」で星を獲得したりすることがあるかもしれない。

そんなときは、「ここ、オレの行きつけ」と秘《ひそ》かにほくそ笑んでいればいい。「ミーハー」と批判する向きもあろうが、気にすることはない。「ミーハー気質」は何事においても、好奇心旺盛な人間の特徴でもあるのだから。

「食的好奇心」

私の造語だ。美味いものを求めるこの「食的好奇心」も人生を楽しくするためには欠かせないと私は確信している。

## 常連なら常連ならではのマナーが必要になる

「ミーハー気質」そのものは決して批判されるべきものではないと思うが、行きつけの店をいつまでも大切な場所として確保しておくために、忘れてはならないことがある。

### ①常連面《づら》をするな

②極力ツケをするな
③知ったかぶりをして、グルメを気取るな
④長《なが》っ尻《ちり》は避けろ
⑤極力主人のおすすめの料理を食べろ

ときどき見かけるが、女性を連れて「マスターいつもの」などとカッコつけるのは愚《ぐ》の骨頂《こっちょう》。保険会社のテレビCMではないが「いつもの」は、ごくごくかぎられた関係だけに許された言葉だ。間違いなく店主に嫌われる。

ツケ払いも原則禁止。社用で使う銀座のクラブはともかくとして、最近の料理店は昔と違ってどんなに常連でもツケ払いをしない店が多い。社用族ではないのだから、現金かカード払いが基本だ。

グルメを気取ってペラペラと店の人と話すのもやめたほうがいい。とくにプロの料理人相手に料理について「ひとくさり」するなどもってのほか。草野球選手がプロ野球選手にバッティング理論を語るようなものだ。

常連なら、カウンター席であれば隅のほうに座る。お店が混んできたら、さっと立ち上がって会計を済ませ、さっさと帰る。こうすれば「きれいな客」と店側の評価も上がる。長っ尻でダラダラ居続けるのは無粋《ぶすい》なことだと肝に銘じておきたい。まして常連面をして店主と親しげにおしゃべりを続けるのも考えもの。他の客への配慮も心得るべきだろう。

そして、よほどほかに食べたいものがある場合は別として、店主のおすすめ料理は基本的に食してみること。間違いなく、その日自慢の一品だからだ。

こんなルールを心得て通う「行きつけの店」は、かけがえのない人生の財産になる。気の合う仲間にはもちろん紹介して、ネットワークを広げることも忘れずに。美味《うま》い店から広がるネットワークでの交流は、あなたの好奇心を刺激してくれる話題も提供してくれるからだ。

# 読書は死ぬまで続けるべきだ

## 活字中毒のすすめ

「私、本を読むのが苦手なの」

「本を読むと、すぐに眠くなっちゃうの」

それが仮に誰もが振り返るほどの美人であったとしても、恥ずかしげもなくこんなことを口にされたら、私はできるだけ早くその女性との会話を切り上げるだろう。たとえ、それが事実であったとしても、口に出してはいけない言葉だ。

暴論の誹《そし》りを免れないかもしれないが、そんな言葉は、自らこう公言しているのと同じだと私は思う。

「私、バカなのです」

これまでも数々の拙書で繰り返し述べていることだが、読書は知的好奇心を満たすための、もっとも手軽でもっとも有効な行為なのだ。

「最近は老眼がきつくて、本を読むのをやめてしまったよ」

中高年者の中にはそうこぼす人もいるが、視力の衰えと読書への興味は別問題だろう。メガネの性能も昔と比べてはるかによくなっているし、テレビＣＭでもお馴染みの中高年者用のメガネ型拡大鏡もある。視力の衰えを言い訳にするのではなく、知的好奇心の衰えを心配するのが本筋だろう。

いまはさまざまなメディアで、現代人の「活字離れ」が語られるが、私は少し違うと思う。厳密にいうと、「活字」から離れているわけではない。紙の本や新聞を読まなくなったことはまぎれもない事実だが、それはすなわち若い世代を中心に「紙媒体離れ」が進んでいると考えるべきだろう。

スマホ、タブレットなどを駆使して、電子書籍、インターネットの記事を読むのもある意味で「活字」だ。つまり紙からネットへと情報媒体がシフトしただけで、人々が「活字離れ」をしているわけではない。

私自身は、若いころから、いわゆる活字中毒者だった。いまも紙媒体派だが、ネット派の中にも、活字中毒者がいるのだろうから、どちらがいいという問題ではないだろう。

ただ、ネットにしろ、紙にしろ、読書をする人が昔より減ったのは確かなようだ。いずれにせよ、死ぬまで好奇心を失わないためには読書は続けるべきだ。

## 頭の中に「?」と「!」を芽生えさせる

たしかに本が売れない時代になっている。1995年に2・6兆円市場だった出版業界は、いまでは半分の売り上げになっているという。これは由々《ゆゆ》しき事態には違いないが、昔に比べてさまざまな娯楽がある昨今、本から人々の興味が離れていくのは致し方ないことなのだろう。

そんな状況だが、私はあえて主張したい。

やはり読書は人の心を豊かにし、人間としての知的好奇心を刺激するきわめて有効な手段である、と。

スタイルはなんだっていい。紙媒体でもいいし、電子書籍でもいい。最近はキンドルというとても便利なツールもある。

「最近、読書から遠ざかっているな」と感じる中高年の方は、ぜひ読書習慣を復活させていただきたい。もちろん、自分の好奇心を満たすためでもあるが、将来ひとりになったとき、本はかけがえのない友のような存在になるからだ。

読書という行為は、読む人の頭の中に「?」や「!」を芽生えさせる。「なんだこりゃ」という疑問と「なるほど」という驚きである。これこそが、知的好奇心のタネなのである。読書は、錆《さ》びつつある脳の動きを活性化する手っ取り早い方法なのだ。

年を取れば取るほど、どうしても新しいことを理解したり、取り入れたりするのが億劫になりがちだ。何歳になっても好奇心のアンテナを立たせて、さまざまなジャンルを渉猟《しょうりょう》することは、もっとも手軽な脳の若返り法なのでもある。

そして、読書が習慣化されると、自然と新聞や雑誌などの他の活字への反応もシャープになっていくのだ。私自身、新聞、雑誌以外に平均して週に二冊くらいのペースで単行本を読んでいる。部分読みを含めると、年に百五十冊といったところか。

純文学、大衆文学、推理小説、エッセイ、ビジネス、自己啓発など、ジャンルはバラバラだが、話題の本はもちろん、芥川賞や直木賞など、賞をとった本はなるべく目を通すようにしている。

## 「ミーハー読書」でもいいではないか

普段から読書が習慣となっている人はいいが、本を読み慣れてない人は、どうしたらいいかと悩むかもしれない。そこで、おすすめしたい方法がある。

まずは近くの書店へ行ってみよう。

そこでまずは、どんなジャンルでもいいから気になった本を手に取ってみる。そして、少しでも興味が湧いたら、それらの本を何冊か買ってみることだ。時代小説、推理小説、ノンフィクション、ビジネス経済書、なんでもいい。マンガだっていい。

そして何冊か買った本は、常にページを開けるところに置いておくことが大切だ。家にいるときはリビングや枕元に、出かけるときは常にバッグの中に最低一冊。そして、時間を見つけては少しずつ読む。これを繰り返すと、段々「本が手元にないと落ちつかない状態」になる。こうなったら、あなたも立派な活字中毒者予備軍だ。

一冊読み終えたら、今度は今話題になっている本、流行《はや》っている本を手に取ってみるのもいい。テレビや新聞の書評で取り上げられた本など、なんでも構わない。

なぜ話題になっている本をすすめるかといえば、時代を追いかける感覚を、年をとっても忘れないようにするためだ。

売れている本には、必ず何かそれなりの理由がある。多くの人に受け入れられているから売れているのだ。そんな本を手に取って、自分なりに時代の空気を実感しながら暮らしていれば、脳も刺激を受けて老化を防げる。

読書に「これが正しい」などというスタイルはない。若い世代にしたり顔で時代のホットな情報を披露《ひろう》してみるのもいいだろう。ほかの項でも述べたが、好奇心を保つためには、スタートは「ミーハー」で十分なのだ。

## 待ち合わせ場所を書店にしてみる

そしてもう一つおすすめしたいジャンルが古典だ。

「論語」などの中国の古典はもちろん、古代ギリシャやローマの哲学書、もちろん日本の「源氏物語」「平家物語」などでもいい。そんなに古くなくても近代の作品でももちろん構わない。古典は長きにわたり多くの人に読み継がれてきているものだから、さまざまな教訓がそこにはある。最近は「超訳本」なども刊行され、読みやすくなっているものもあるので、敷居《しきい》が高そうだと感じたらそこから手を出すのもいいだろう。

仕事柄もあるが、私は書店に足繁く通う。

そして平台に積まれている本を見て、「ほほう、この本は別の書店でも積まれていたな、話題になっているんだな」と手に取ってみたりする。

書店は、探している本を見つけるためだけの場所ではない。たくさんの本が置かれているから、自分の心の琴線《きんせん》に触れるような本と出会える場所でもある。

ふとした偶然に自分にあったものを見つけることを「セレンディピティー」というが、書店はまさにそんな出会いの宝庫といっていい。

書店を習慣的に足を運ぶ場所にしてはいかがだろうか。最近は立ち読み歓迎どころか、椅子《いす》まで用意している書店も少なくない。

ちなみに、私自身も知人との待ち合わせの場所に書店を指定することが多い。約束の時間よりもちょっと早めに行き、立ち読み、いや座り読みを味わうのも悪くない。

# 「お金に余裕がない」を言い訳にするな

## お金ではない！「テレビ東京」の企画力に学べ

最近豪華客船でのクルーズや、豪華寝台列車での旅がシニア世代に大人気だという。特にクルーズトレインと呼ばれる、車内のサービスや食事が最高級の列車「四季島《しきしま》」「ななつ星」「瑞風《みずかぜ》」などは超人気で、申し込み倍率もすごいがその値段もすごい。3泊4日で100万円するコースもあるという。

残念ながら、こういう旅行は金銭的に余裕のある限られた人たちしか満喫できないことは確かだ。

しかし、ここで一言。

「旅行に行きたいけど、お金がないから……」

そう言い訳している人がいるなら、私は声を大にしていいたい。

「お金をかけなくても、シニアが楽しめる旅行はいくらでもある」と。


話は少し飛ぶが、「テレビ東京」という放送局がある。

東京近郊の人なら馴染みがあるかもしれないが、この局は、在京キー局に比べて低予算番組が多いにもかかわらず、『開運！　なんでも鑑定団』をはじめ高視聴率を叩き出す番組を数多く生み出し、業界内外から注目を集めている。

たしかにテレビ東京の番組はユニークなものが多いが、なかでも『Ｙｏｕは何しに日本へ』という番組は面白い。

ご存じの方も多いと思うが、来日する外国の人に空港で突撃インタビューをする。「何しに日本へ？」と来日の目的を聞いて、相手がオーケーすれば、一緒に取材カメラがついていく。この番組の面白いところは、普段われわれ日本人が気づかない、日本の「すごい」ところを、外国の人の視点で気づかせてくれるところだ。

登場する外国人はもちろん素人ばかり。豪華なセットでタレントを大勢ひな壇《だん》に並ばせて、どうでもいいことをダラダラしゃべらせているつまらないバラエティ番組とは大違いだ。要は頭の使い方というわけだ。

そしてもう一つ、これはレギュラー番組ではないが、『池の水を全部抜く』という突拍子もない番組もユニークだ。

これは、全国各地の池や沼の水を巨大なポンプで抜き、そこに住む生物を調査。本来その土地に住んでいない外来生物を捕獲《ほかく》、駆逐《くちく》して、元の水を綺麗にしてから池に戻す。じつにシンプルな作業を通して、その池の状態を検証するという趣向の番組だ。

この番組が放送されている時間帯は、ＮＨＫの大河ドラマなどの手強い裏番組がひしめき合う時間帯にもかかわらず、高視聴率を叩き出している。

とにかく１９６４年に誕生したテレビ東京は、民放の中でも後発で、決して安定した経営ができるテレビ局ではなかった。だから常に制作予算も少なく、人気タレントを多数起用する番組は作れなかった。こうした土壌が、「予算よりも企画」で勝負する番組作りを生んだといえる。

見習うべきはその「企画力」である。

旅もまた同様、お金がなくても企画次第でいくらでも楽しめるのだ。

## ひとり旅で新しい自分を発見する

私は旅好きだ。旅に関しても「お金がない」を口実に諦《あきら》めてしまう人もいるが、じつにもったいない話だ。

私自身、年に何回か温泉を目当てに旅に出かける。たいていはいままで行ったことがない温泉になるが、ときにツアー旅行で出かけることもある。いっさいおまかせのツアー旅行は体を動かせればいいだけでラクだ。

そのせいか、自宅にはさまざまなツアー旅行のパンフレットが送られてくる。なかでも「クラブツーリズム」のツアーがバラエティに富んでいる。値段もピンからキリまで。ツアーの内容もさまざまなエリアが設定されているし、ひとり旅、バス旅行など、メニューが豊富だ。ひとり旅のカテゴリーの中には「女子だけ」のものもある。

パラパラとめくりながらパンフレットを眺めているだけでもじつに楽しい。

## 一泊二食付きが一万円以下で楽しめる

グループで行く旅行にはもっぱら『伊東園ホテルズ』を愛用している。『伊東園ホテルズ』の旅は一泊二日の温泉旅行で飲み放題、食べ放題で価格が7800円からと安いうえに、都心からバスで無料送迎までしてくれる。7800円という金額は、近所の居酒屋でちょっと長居すれば消えていくお金である。

この中でも伊豆の松崎《まつざき》への旅はなかなかよかった。伊豆半島の西の南端に近い海岸に面したホテルに宿泊したのだが、温泉もよければ、ホテルの目の前が砂浜の海岸で沈む夕陽がじつにきれいだった。もともとはプリンス系のホテルだった。

松崎は「なまこ壁」と呼ばれる独特の工法の壁の家が立ち並び、町の飲食店も豊富で昼食のためにたまたま入った手打ちそば店のそばも絶品だった。

『伊東園ホテルズ』は関東を中心に数多く、その後も日光の先にある山あいの湯西川《ゆにしがわ》温泉にもグループで行ったが、ここも満足できた。強いアルカリ性の泉質で肌にいいとか。温泉も堪能できたが、近くに平家の落人村《おちうど》があるというので足を運んだが、茅葺《かやぶき》の家が点在して古き時代への想いも膨《ふく》らんだ。

都心から無料バスの送迎付きで、伊豆方面へのコースは途中、伊豆長岡《いずながおか》、大仁《おおひと》、土肥《とい》のホテルでも下車する人もいる。人それぞれだが、どうせ行くなら西伊豆南端に近い松崎が私のおすすめだ。

なにやら『伊東園ホテルズ』の宣伝のようになってしまったが、客の少ない平日の集客のために薄利多売《はくりたばい》で提供するホテルのパッケージ旅行を楽しんでみるのもいい。ほかのホテルでも似たようなパッケージ旅行をはじめている。

夫婦でちょっと豪華な海外旅行、温泉旅行もいいが、グループでの格安旅行も捨てがたい。とくに、定年後なら平日も自由に動けるわけだから、リーズナブルな旅が楽しめる。

旅は豪華なものからリーズナブルなものまで、それぞれ楽しい。もちろん、ひとり旅もいいが、パッケージ旅行にかぎらず、おひとり様はどうしても料金は割高になることは覚悟しなければならない。たいていのツアー旅行などはお二人様が基本になっていて、ホテルや旅館も二人用が常識だからだ。

いずれにせよ、新聞広告、チラシなどで目にする平日の格安旅行は「だまされたと思って」チャレンジしてみるのも面白い。

これも「好奇心」である。旅という非日常の時間と空間の中で、新しいさまざまな発見があることは間違いない。近所の居酒屋ではなかなか体験できないことだからだ。

# 第3章

# 好奇心を枯らす生き方は損だ

# 「無意欲な自分」が問題なのだ

## 「達観」は褒め言葉ではない

私自身はそうではないし、決してそうならないと心に決めているが、人間、年をとると、とかく行動範囲が狭くなりがちだ。

それには二つ理由がある。

一つ目の理由は、肉体的な衰えだ。ついつい体を動かすことを避けようとする。億劫になりがちだ。階段の上り下りはこたえるし、長く歩いていると足も痛くなる。

もう一つの理由は、意欲の低下である。これが好奇心を活かして、愉快《ゆかい》で充実した人生を送れるかどうかのカギを握っているといってもいい。

「まあいままでの人生で、やることはやってきたから、もういい」

達観《たっかん》といえば聞こえはいいが、この言葉は、何事に対しても「やる気」が失せてしまっている証拠なのである。


私の知り合いで、現役時代はある会社の営業マンとして働き、役員まで上り詰めた男がいた。ほとんど毎日がクライアントの接待で今日は洋食、明日は懐石《かいせき》料理、明後日はすき焼き、そして毎日銀座で飲み歩いていた。週末はお決まりのゴルフ接待だった。


現役時代はタフガイそのもので、会うたびにその溌溂《はつらつ》ぶり、行動力に感心したものだが、リタイアした途端、人が変わったようになってしまった。

「会社の金で散々遊んできたから、もういいよ。ゴルフも卒業した」

たまに「メシでもどうかな?」と声をかけても、応じるのはよくて三回に一回。会ったとしても、話は盛り上がらず、こちらとしても正直なところ、あまり楽しくはない。やがて彼との交流が疎遠《そえん》になってしまった。

もしかして、彼が私を嫌っているのかと思い、複数の共通の友人に尋ねてみたのだが、私と同じ思いを打ち明けてきた。老人性のうつに陥っているのではないかとも考えたが、その可能性はないらしい。

大げさにいえば、現役時代に精力を使い果たしたといってもいいほどの豹変《ひょうへん》ぶりである。健康面にとくに問題はない。いわば「燃え尽き症候群」のようである。まだ70代前半である。私から見れば、じつにもったいないとしかいいようがない。

私はといえば、80歳を過ぎたいまでも「週に四日はオフィスに出る」「家が嫌い」「月曜日が待ち遠しい」という日々を送り、常に「なんか面白いことないか」と考えている人間である。

## 「年甲斐」って何のことなの？

この知人と私の違いを考えてみた。

### ●軽薄《けいはく》かどうか

●セックスに関心があるか
●買い物が好きか
●知人の誘いにすぐに応じるか
●旅行が好きか
●なんでも面白がるか
●新しもの好きか

アトランダムにポイントを挙げてみると、現在の私とリタイア後の彼とでは、すべての点において正反対なのではないかと思う。私はすべての項目に「イエス」であるのに対して、私が知るかぎり、彼は「ノー」に違いない。

きわめて乱暴な結論といわれそうだが、私は「年甲斐《としがい》」などをほとんど考えないが、もしかすると彼は「年甲斐」が行動のバロメーターになっているのではないかとも考える。

ほかの項目でも述べているが、例を挙げれば、私は最近、水族館にはまっている。

地方へ行けば、必ずといっていいほど近くの水族館に足を運ぶ。

「水族館？　子どもの行くところじゃないか」

いまの彼なら、私の近況を聞いておそらくそんな感想を漏らすのではなかろうか。だとすれば、大間違いだ。水族館は子どもだけが楽しむにはもったいない場所と断言できる。

## 「しない理由」「できない理由」を探すな

そもそも「年甲斐」とは何だろうか。

辞書によると「年齢にふさわしい思慮や分別」（大辞泉）とある。

「年齢にふさわしい」とはどういうことか。反社会的なこと、公序良俗に反することなら別だが、そもそも「年齢にふさわしい」とは、どういうことなのか私には釈然《しゃくぜん》としない。

いくつになっても新しいことにチャレンジすること、はじめてのことを経験することは大いに結構なことではないか。私はそう思う。

「年甲斐」「年相応」などという言葉は、何か新しいことに挑戦しようとしない、いわば、枯れてしまった無意欲な人間が「しない理由」「できない理由」を正当化するために考えついたのではないかと思う。

件《くだん》の「燃え尽き症候群」に陥った知人はもしかして、この「しない理由」「できない理由」を見つける達人になってしまったのだろうか。

もし、好奇心旺盛な私の生き方を「年甲斐もない」といわれたら、私はこういうかもしれない。

「お褒めの言葉を、ありがとう」

## 「サンダースおじさん」に学べ

ケンタッキー・フライドチキンの創業者、カーネル・サンダースの逸話をご存じだろうか。

彼は若いころから、数多くの職業を経験し、幾度にもわたる挫折《ざせつ》を味わった。その彼は、70歳近くになって車一台で全米を走り回り、自分のフライドチキンのノウハウをいろいろなレストランに営業して回ったという。フランチャイズ契約を取ろうと必死で営業をしたが、はじめのうちは70歳近い営業マンの話などまともに聞いてもらえず、1000店以上に断られたという。

それでも諦めずに、わずかな年金などでガソリンを買い、車の中で寝泊まりして営業を続けた、その結果、少しずつ契約がとれるようになり、やがて大成功を成し遂げた。

「できることはやれ、やるなら最善を尽くせ」

それが彼のモットーだったという。彼の脳には「しない理由」「できない理由」がなかったのである。

もし彼に「年甲斐」「年相応」などという思いがあったとしたら、われわれ日本人も、あのフライドチキンを味わう機会はなかったはずである。何事であれ、人間が新しいことにチャレンジする意欲に関するかぎり、年齢制限はないということ。

機会があれば、ここで紹介した私の知人を一度水族館に連れ出したいものだ。

# 「メシ食って、クソして、寝て」でいいのか

## 自分で稼いだ金で遊ぶことが長生きにつながる

「働いて金を得る力を失くすな」

私は中高年世代に強くこういいたい。

「定年になったのだから、年金や貯金だけでのんびり暮らそう」はやめておいたほうがいい。億単位の蓄《たくわ》えがある人ならともかく、超低金利、年金受給年齢の先延ばしなど不透明な経済事情などを考えれば、経済的安定を図る意味でも、できるだけ働いて稼いだほうがいい。

私はことあるごとに、「人間は死ぬまで働くべきだ」と述べている。

「自分で動いて、その対価としてお金をもらう」

このスタンスは、年齢に関係なく大切にしたほうがいい。金を稼ぐことのしんどさとありがたさ、そして、その後に得られる達成感は、金額の多寡《たか》を問わず、前向きに生きる人間の原点である。

私が「死ぬまで働け」と主張する意味は、もう一つある。

それは「死ぬまで働いて、働いて稼いだ金で、好奇心を満たせ」ということだ。自分の中で芽生えた好奇心を満たすためには、基本的にお金が必要だが、そのお金は、汗をかいて稼ぐべきだといいたいのだ。

「働きたくないから遊ばない」

そう考える人もいるだろうが、私はそれには反対だ。その人に私はこう問いたい。

「では、何のために生きているのですか」

「好奇心の芽生えに対して忠実に動くこと＝遊び」があってこその人生である。「寝て、食べて、クソして寝て、そして死ぬ」ような人生なら、私は御免こうむりたい。「寝て、食べて、クソして寝て」の間に「遊んで」が入ってこそ、まともな人生というものだ。

それが抜けてしまっては、本能だけで動くただの動物にすぎない。

もっとも、最近の調査では、一部の動物は明らかに「遊び」を生活に取り入れているという研究結果も出ているそうだが、かなりの高等動物なのだろう。

人間ならいつまでも遊び心を忘れないでほしい。そしていつまでも自分で稼いだ金で遊ぶ。これが長生きの秘訣ではないか。

## 「高望み」をするのが問題なのだ

稼ぐためにどんな仕事をするか？

「そうはいっても、仕事が見つからない」

そんな声が聞こえてきそうだが、本当にそうだろうか。私は仕事への選《え》り好みがその原因なのではないかと思う。

ハローワークに勤める知人がこんなことをいっていた。

「仕事はあります。いくらでも……。高望みさえしなければ」

とくに大手企業などで働いてきた人たちなどは、えてしてプライドが邪魔をして、「こんな仕事はイヤだ、あんなのもイヤだ、オレを誰だと思っている」ということになるらしい。

過ぎ去った過去の栄光を引きずって、愚にもつかないプライドを持っている人ほど、再就職は難しくなる。

その逆で、昔は昔と割り切って、「いまのオレはただの素浪人」と会社の格や仕事を選ばない人、新しいことにチャレンジするのも厭《いと》わない人が定年後もうまくいっている。

「どんな仕事でもかまわない、仕事ができるだけありがたい」

そういうスタンスの人間のほうが、再就職できる。

おまけにこれからは労働人口がどんどん減少していく世の中になってくる。となると、定年後でも何かしらの仕事ができる機会が増える可能性も十分にあるだろう。

## 「身を助ける芸」は誰にでもあるはず

死ぬまで働くためには、早い段階からなんでもいいので「手に職」や「特技」を持っておいたほうが有利だ。

現役時代に特殊技能で食べていた人は、定年後もその技術を活かして新しい仕事に就けるかもしれないが、そうでない人でも、たとえば、「趣味の延長線」が仕事になる場合がある。

私の知り合いで、趣味が日曜大工という男がいた。

彼は現役時代、あるメーカーの営業マンだったのだが、土日は器用な手先を活かして、木工でいろいろなものを作っていたそうだ。

定年後は、しばらくフラフラしていたのだが、何か仕事をしたいと思って近所を散歩していたところ、家の近くの日曜大工センターで求人募集を見つけたそうだ。

応募資格は50歳まで、ということだったのだが、思い切って応募し、面接までこぎつけた。その場で、自分がいかに木材に詳しいか、いろいろな知識があるかをアピールしたところ、相手も興味を示し、とりあえず最初は見習い期間ということで、時給９００円のアルバイトから仕事をすることになったという。

その後、彼の木材に関する知識と、現役時代の営業マンの経験を活かした人当たりのよさで、あっという間に信頼を得て、その日曜大工センターで貴重な戦力になったそうだ。いまでは正社員として活躍しているという。

「まさか自分のあんな趣味が、仕事につながるとは思いませんでした」

彼はそう笑いながら話していた。

「芸は身を助ける」

それを物語るエピソードだが、もしかしたら、あなたの趣味や特技も誰かが求めていて、いい収入を得られることになるかもしれない。

いずれにせよ、体が動くうちは「働いて、稼いで、遊んで」の人生を実践していくべきだ。

「食う、寝る、クソする」が人生のメインテーマであってはもったいないではないか。

# 定年後の人間関係で覚えておきたいこと

## 新しい友人関係づくりで重要なこと

世の中、お金で買えないもので大切なものはたくさんあるが、その一つがいい人間関係だ。

「人生とは何年生きていたかではなく、何人と出会えたかだ」

誰かがいっていたが、いい友との出会いは人生においてはかけがえのない宝物になる。伴侶よりも頼りになることもある。

とはいっても、人は年齢を重ねると、新しい友との出会いはなかなか巡ってはこないものだ。だからこそ、定年後までいい関係を築きあげられそうな人と知り合うことがあったら、その関係は大事にしたほうがいい。

現役時代はどうしても仕事で知り合った人間との関係が中心となる。それを定年後まで引きずるのはなるべく避けたほうがいい。避けなくとも定年と同時に切れるのがふつうだ。

新しく趣味のサークル、地域の集まり、ボランティア活動など、そこで知り合った人との交流はこれまでとは違った人間関係になる。それができれば理想的だ。

その関係を損なわないために忘れてはならないことがある。それは必要以上に距離を縮めようとしないことだ。

## 他人との距離がわかっているか

先日、ときどき顔を出すスタンド割烹《かっぽう》でのことだ。

私は、酒は嗜《たしな》む程度だが、美味《おい》しいものには目がない。この店は旬の食材が充実しており、そのときは無性に牡蠣《かき》フライが食べたくなって暖簾《のれん》をくぐった。

私はその店に行くと、カウンターの端に座り、料理が出てくるまで雑誌を読むのがいつものスタイルだ。店の主人や従業員もそのことを知っているから必要以上に声をかけてこない。

しかし、ある日たまたま隣に座っていた男の振る舞いにひどく迷惑した。70代半ばだろうか。ひとりで黙って飲んでいてくれればいいのだが、やたらと話しかけてくるのだ。

「おいくつですか」

「どこにお住まいですか」

「仕事は？」

などなど、初対面だというのにやたらと話しかけてくる。とにかくマナーをわきまえていない。「いま、私は雑誌を読んでいるので」とアピールしても、意に介さない。

私は単刀直入にこういった。

「ちょっと、話しかけないでください。ひとりにしておいてくれませんか」

相手は驚いた様子だったが、仕方がないことだ。

私は生まれながらの性分として、楽しい酒席ならウェルカムだが、マナーをわきまえない相手への「まあまあ」と「なあなあ」が好きではない。おかしいと思ったら、異議を申し立てる。つまり、相手を叱《しか》ったのである。

たまたま隣に座っただけで、こちらが話しかけたわけでもない。他人との距離感がわからない人には、その距離を教えてやるしかない。くつろごうと思っているときに邪魔をされたら迷惑である。こちらが我慢する筋合いはないと思う。

## 大切にしたい「叱り、叱られる関係」

私がときに他人を叱るのは、こういうシーンばかりではない。

仕事の人間関係、プライベートな人間関係においても同様だ。なにも偉そうに振舞っているわけではない。私は人間関係において「ならぬものはならぬ」というスタンスを大切にしている。その基本は付き合いのマナーを守るということである。それはじつにシンプルなことだ。

●礼儀作法をわきまえる
●プライベートに立ち入らない

## ●約束を守る

ただこれだけである。これが他人とのいい距離感の基本中の基本だ。

だから、仕事であれ、プライベートであれ、かなり親しい間柄でも、このルールがおろそかになるようなことがあると、原則として異議を唱える。

正直なところ、こちらも気が重くなりストレスにもなるから、できれば避けたいのだが、「腹で物を考える」ことができない私の性格によるものだ。

「私自身、その人間関係を大切にしたいから」というのが、大きな理由でもある。いい人間関係のためには、相手の言動に対して、些細なことであっても「ちょっとおかしい」「どうも納得できない」といった感情的な「?」は放っておいてはいけない。

放っておくとしこりになってしまう。できるだけ早く異議を唱えたほうがいい。しこりになってから取り除くとなると、相手の受け取り方も重くなり、こちらのストレスも倍増する。

できるだけ早く、シンプルに叱ってしまったほうがいいのだ。

逆の立場で考えてみてもいい。

自分がおかしなことをしていたら、それを見過ごさずに叱ってくれる友の存在はありがたいものだ。「ダメなものはダメだ」と叱ってくれる人は、自分のためを思っていることを忘れてはいけない。

そういう叱責《しっせき》に対しては、年上だろうが年下だろうが関係なく、素直に謝って受け入れるべきだ。

「叱ってくれる人を持つことは大きな幸福だ」

あの松下幸之助《まつしたこうのすけ》はそんな言葉を残しているが、幸せな定年後を過ごすためには肝に銘じておきたい言葉だ。

# 「今回の人生は」と考えてみる

## 「タラレバ」は自分を否定すること

以前、漫画家・東村《ひがしむら》アキコさんの『東京タラレバ娘』という漫画が大ブレイクした。テレビドラマ化もされたので、ご存じの方も多いだろう。吉高由里子《よしたかゆりこ》さん、榮倉奈々《えいくらなな》さん、大島優子《おおしまゆうこ》さんが登場人物を演じて話題になった。

30歳をすぎているが、恋も仕事も中途半端な女性3人の物語だ。この3人は、暇さえあれば居酒屋に集まり、タラの白子《しらこ》とレバー焼きを食べながら、クダを巻く。

「もし、私がこうだったタラ……」

「あのとき、ああしていいレバ……」

そんな話ばかりだ。すべてにおいてパッとしないアラサー女性の日常を描いたコメディーだ。

まだ30歳を過ぎたくらいの女性がタラレバをいっているのは、まだ、ある種微笑《ほほえ》ましくもあるが、これが定年をすぎた人間となると、あまりに寂しい。

「もう少し若かったタラ、海外旅行行くんだけどな……」

「もうちょっとお金があレバ、生活が豊かになるのに……」

「サラリーマン時代に、もっと上に取り入っていレバ、出世しただろうな……」

「もっと痩《や》せていタラ、女にモテていたんだろうな……」

盛り場などでも、こういう会話を耳にすることがある。話しているのが私のひと回りもふた回りも若い世代の人間だと「おい、おい、大丈夫か」と他人事ながら心配になってくる。

起こってしまったことを起こらなかったことにはできない。そんな暇があったら、「これから起こすこと」を考えたほうがいい。

人間の欲というのは無限だ。金が100万円手に入ったら今度は1億円欲しくなるのと同じで、何かが満たされるとさらに高みを目指して欲張る。欲深いのはある意味いいことだが、過去と現在に対して不平不満ばかりの人間は、自分の人生を否定しているのと同じことだろう。

## 自分にないものは「ない」と認める

定年後、新しい仕事や新しい趣味にトライする人も少なくない。好奇心に駆られてのトライ、大いに結構だ。しかし、ここで覚えておかなければならないことがある。トライはいいが、その先に実現をイメージできるかどうかを冷静に判断する必要があるということだ。トライアンドエラーという言葉があるように、トライにエラーはつきものだが、そのトライが自分のスキルから考えて実現不可能なものであっては何にもならない。

私の知り合いで、ギター教室の先生がいる。

彼の教室の初心者講座には5人の生徒がいて、その中のひとりが、昔のフォークソングブームを懐かしみ、70歳からギターをはじめたという。

チャレンジするのは大いに結構だが、問題なのはその姿勢だ。

その男性は先生である私の知人から出された初歩的な課題もやらない。なんとか簡単なコード進行くらいはマスターしてもらおうと、丁寧《ていねい》に指導するのだがそれもやらない。音楽の才能があるわけでもない。当然、まわりの初心者との差は開く一方だ。

いまでは教室の「お荷物」になりつつあるのだという。

「上達意欲がまったく見えないんです。やめてほしいともいえませんし……。持っているギターだけは高いんですよね。同じくらい志も高ければいいんですけど」

彼は笑いながらそう嘆《なげ》いていた。

どうやら、この御仁、ボブ・ディランや吉田拓郎《よしだたくろう》にはなりたいらしいが、努力はイヤ、才能はナシということのようだ。言葉は悪いが、得意なことは「餅《もち》を絵で描くこと」というタイプのようだ。

他人に迷惑をかけないなら、勝手に続ければいい。だが、向き不向きもある。しばらく続けて才能がないと感じたら、早めに鞍替《くらが》えしたほうがいい。

「オレには無理だから、ヤーメた！」

こういう軽薄さも大切なのだ。

「ちょっとかじって、合わないと思ったら他のものに手を出す」

この精神を忘れないこと。才能に関しては、残念なことに人間は不平等であることを肝に銘じることだ。

これが定年後のチャレンジでのセオリーだ。

## 「次回の人生の楽しみ」をとっておけ

私自身、仕事でも、プライベートでも数えきれないほどの失敗をしてきた。とくに出版プロデュース業では大きな成功もあったが、目論見《もくろみ》が外れて大赤字を負ったこともある。バブル期には複数のゴルフ会員権を買って紙くず同然になった。

白状すれば、若いころから数えれば、色恋沙汰の失敗も一度や二度ではない。エラー満載の半生であったことは間違いない。「タラレバ」をいいはじめたら何日も時間がかかる。だから、私が決めていることがある。

「反省はするが、後悔の言葉は吐かない」

これである。

「タラレバ」は後悔そのものの言葉である。口にしていいことなど何もない。

私も「タラレバ」を口にしたい誘惑に駆られることがないわけではない。そんなとき、こう考えて自分を叱咤《しった》し前を向く。

「今回の人生はこれでいい」

# 好奇心のために妻と折り合いをつける

## 妻の話は「聞くだけ」か「聞くふり」でいい

いくら好奇心の赴くままに、ひとりの時間を大切にしたいと思っても、家庭があればままならないことも多い。とくに必要なのが妻の理解である。理解が望めないまでも、せめて苦笑いして「しょうがないわね」という黙認のサインくらいはもらっておきたいものだ。気ままに生きるとしても、帰る場所は家庭しかないのだから、少なくとも表面上は円満夫婦でいたほうがいい。

そうすれば「死ぬまで好奇心」の生活もやりやすくなる。極力、夫婦げんかは避けたいものだ。

男性にかぎらず、誰でも既婚者ならわかることだが、夫婦げんかはじつに些細なことがきっかけになる。

「ねえ、聞いてるの！」

妻が近所付き合いでのいさかいを事細かに話しているとしよう。新聞を読みながら生返事で聞いていると、決まって妻が怒り出す。そんなとき、あなたはどう答えるだろうか。

「仕事で疲れているんだ」

この言葉が戦闘の火花が散るサインとなる。

「家事は私に任せっきりじゃない！　子どものことだって……」

こうなると休戦は難しくなる。

「あっ、ごめん。仕事のトラブルのことを考えていて聞いていなかった。どうしたの？」

こうリアクションしていれば、ケンカにはならない。妻はただ話を聞いてもらいたいだけなのだ。だから演技に自信があればときどき相槌《あいづち》を打って「聞いているふり」でいい。とにかく拒絶しないことである。

そして、妻の言い分に賛成しているような素振りをすること。間違ってもいさかいの原因究明をしたり、解決を図ろうとしたりしてはいけない。たとえそう感じたとしても、「君にも落ち度があるんじゃないか」などということを口にしてはいけない。戦いの泥沼にはまってしまう。

「なるほどね」「大変だったね」「がんばっているんだ」など、妻に全面的に理解を示すような言動に終始することだ。とにかく「聞き上手」でいれば戦火を交えることもない。

## 「ねえ、覚えている？」には罠がある！

さらに注意が必要なのは妻の昔話だ。

妻にかぎらずほとんどの女性に共通するのだが、何十年も前の些細なことを鮮明に覚えているものである。

「なんでそんな昔のそんな話を覚えているんだ」

奥さんや付き合いの長い女性にそう感じたことはないだろうか。

ある編集者から聞いた話だ。

彼が奥さんと、神田の有名なそば屋に行ったときのことだという。40年以上も前の話だそうだ。二人でメニューを眺めて、ひとしきり注文をして一献傾けていたら、突然奥さんがこう切り出した。

「ねえ、あなた覚えてる？　はじめてあなたのお母さんと会ったのって、おそば屋さんだったのよね。そのとき、私はきつねそばを頼もうとしたんだけど、お母さんが天ぷらそばを頼んだもんだから、あなたに『じゃあ、君も天ぷらそばでいいよね』っていわれたの。本当はきつねそばが食べたかったのよ……」

彼にしてみれば、当然そんなことなど覚えているはずもない。それどころか、３人でそば屋に入ったことさえ記憶にない。

しかし、そんな彼が口にしたのはこんな言葉だそうだ。

「ああ、覚えているよ。そんなこともあったね。あのときは、オフクロが強引で悪かったね。申し訳なかった」

私が編集者としての能力を評価するだけの男である。これが正解中の正解。まさに最適解である。

「そんな昔の話をいまさらしてどうするんだ」

「そんなこと、覚えているはずがないだろう」

「いつまでも昔話を持ち出すんじゃないよ」

もし、そんなリアクションをしていたらどうなっていただろうか。私は尋ねてみた。

「まず、三日は口をきいてもらえなかったでしょうね」

## わからなくても、わかったふりをする

女性の「ねえ、覚えている？」という言葉は、ある意味で男性に仕掛けられた「言葉の罠《わな》」だと考えたほうがいい。それも「覚えているかどうか」と「自分の気持ちをわかっているか」の二段階の罠が仕掛けられているのだ。

こういう場合のベストの対応策は、自分が覚えていようがいなかろうが、相手が間

違っていようがいなかろうが、こちらに落ち度があろうがなかろうが、とりあえず全面的に女性の言い分を受け入れること。

その奥さんにとっては、そのエピソードは40年間、彼女の記憶の回路に刺さったままになっているトゲなのだ。

「ねえ、覚えてる？」はその場にいた夫に優しくそのトゲを抜いてもらいたいだけなのである。それならば、その思いに応えてあげればいいだけの話ではないか。

何十年連れ添った夫婦でも、わかり合えないものはわかり合えない。だから、「わからなくてもわかったふりをする」という折り合いをつけて付き合うのが夫婦円満の秘訣である。

本当は秘密基地のような天井《てんじょう》の低い、狭い家に住みたかった少年が、家庭を持ち、子供も生まれる。妻の願いを受け入れて天井の高い家に住む。

「天井が高くっていいわね」

そんな妻の問いかけに夫はこう答える。

「そうだな」

そして、自分の内なる声を聞く。

（ウソだ。オレはウソをついている）

そんなストーリーのハウスメーカーのテレビＣＭをご存じだろうか。

自分の好奇心を優先すれば、そんな我慢もしなければならない。それができれば、夫婦の間に余計な波風は立たない。

そうなれば、あなたが好奇心のままにひとり行動をとったとしても、たとえ妻は理解できないにしても、穏やかな表情を浮かべながら、こんな言葉であなたを送り出してくれるだろう。

「しょうがないわね」

# 「死ぬときゃ、死ぬ」でいいではないか

## 肉食が元気のもとかもしれない

好奇心を育て、その心の赴くままに生きていくために、中高年の悪しき癖を見直すようこれまで度々述べてきた。「外見にも心配《こころくば》りせよ」「タラレバを口にするな」「言い訳をいうな」などの戒《いまし》めだ。

新しい人間関係を広げ、新しいジャンルに挑戦するためには、中高年特有のルーズさ、悪しき癖などを見直し、自分に禁止を命じて改善すべきだろう。

しかしその一方で、好奇心を持ち続けていくために禁止事項の解禁も必要である。とくに強調したいのは、健康常識の禁止事項の解禁だ。

最近は健康常識に神経質になりすぎる中高年が、あまりに多いと思う。

私のまわりにも「肉は食べない、酒は飲まない、脂と糖質は控える、魚と野菜中心」を修行僧のように守っている人がいるが、それが本当に体にいいかどうかはともかくとして、私としては首を傾《かし》げたくなる。

私にとって食は体を維持するため以上に、楽しむための行為なのだ。毎日楽しく好奇心に溢れた生活を送りたいのであれば、「好きなものを好きなときに食べる」。これが一番だと私は思う。それを体が要求しているのだと信じている。

食についていえば、私の活力の源はズバリ、肉だ。

肉は頭と体の潤滑油《じゅんかつゆ》みたいなものである。私の経験でいえば、肉を食べると仕事もプライベートもポジティブになれる。偽薬《ぎやく》や思い込みで治癒《ちゆ》効果が生まれる、いわゆる「プラシーボ効果」かもしれないが、肉を食べるとにかく元気になる。私がここでいう肉とは、基本的に牛肉である。

そんな私だから、二、三日、牛肉を口にしないと無性に食べたくなってくる。黒《くろ》柳徹子《やなぎてつこ》さん、加山雄三《かやまゆうぞう》さんなど、80歳を過ぎても活躍する著名人も、肉好きであることをメディアなどで語っている。

もちろん、好物が魚という人もいるし、元気のもとがウナギや寿司、天ぷらという人もいるだろう。また、ベジタリアンが間違っているなどというつもりもない。

## 健康情報の「禁止条項」を解禁せよ

私がいいたいのは、巷《ちまた》にあふれる「禁止事項だらけの健康常識」など、これが真実だというものはないということだ。そんなことばかりを気にして、自分の欲求を抑えつけていたら、楽しい人生など送ることはできない。

医者に食事制限を指示されている方は別だろうが、食べ物に関して、あれはダメ、これは健康に悪いからと、過度に神経質になる必要はないと思っている。

書籍、雑誌、テレビなどで、どの食べ物がいい、どの食べ物が悪いとさまざまな説が紹介されるが、これが正解というものはないと考えたほうがいい。その全部を実践したら、おそらく食べるものはなくなってしまうだろう。

「バナナこそ長寿の秘訣だ！」とある健康雑誌に書かれていたかと思えば、別の雑誌には、「糖質は危険！　フルーツの糖質も危ない」とあったりする。

「死ぬときゃ、死ぬ」

よほどかたよった食生活さえしなければ、中高年はこれくらい楽天的でいいのではないかと思う。

私自身、これまでそうやって生きてきた。逆説的な物言いになるが、それが長生きの秘訣なのではないかとさえ私は思っている。


食べ物の問題ばかりではない。健康管理についての考え方もさまざまだ。

「一年に二回は健康診断を受けている」「人間ドックも年に一回は受けている」という人もいれば、「どこも悪くないから、めったに病院には行かない」という人もいる。

マメに検査を受けている人が健康で長生きし、放ったらかしにしている人がすぐに健康を害して早死にするかといえば、そんなこともない。また、肺がん、心筋梗塞《しんきんこうそく》、脳梗塞になりたくないから頑張って禁煙したからといって、それらの病気にならないかといえば、そうでもない。死ぬまでタバコを吸い続けて100歳まで生きた人もいる。

年を重ねると、やれ血糖値が高い、尿酸値が高い、コレステロール値が上がった、血圧が１６０だと、健康診断の度に数値を見て一喜一憂する人が多い。実際、たまに大学時代の仲間と会って話すと、そんな話ばかりだ。

私は「肉食派」だから、当然コレステロール値が高い。だから調子が悪いかといえば、その逆で、肉のおかげで毎日ピンピンしている。コレステロール値など、多少高くてもなんの問題もないと割り切っている。

## 「なんでも禁止」が免疫力低下を招く

先日、ひと回り年下の大学の後輩と久しぶりに会った。挨拶もほどほどに青白い顔をしてこう切り出した。

「この間の健康診断の結果が、あまりよくなかったんですよ」

私は悪性の腫瘍《しゅよう》でも見つかったのかと思った。すると、こう続ける。

「ガンマＧＴＰが１５０もあったんです」

私としては拍子抜けである。

「へえ、ちょっと高いね、それで肝臓の具合でも悪いの？」

そう私が尋ねると、数値以外にとくに目立った症状はないのだという。にもかかわらず、数少ない楽しみのひとつだった晩酌の焼酎をやめているという。下を向いてため息ばかりだった。

私はある医師から聞いた話をしてあげた。

その医師によれば、さまざまな検査の「異常なし」の数値はほとんどが30代の健康人の平均値から設定されているというのだ。その医師自身、すでに77歳の喜寿《きじゅ》を迎えたが、タバコは一日に20本以上、毎晩瓶ビール１本に焼酎のお湯割りを２杯、ステーキは週に２００グラム以上のものを最低2回は食べているという。

もちろん私は、ステーキ好きだが、酒はお付き合い程度、タバコは10年前にやめている。「この先生は大丈夫なのか」と、さすがに気になって、酒とタバコの害について尋ねてみた。するとこんな答えが返ってきた。

「この年になって、害があるからと、好きなものをやめるとしましょうか。すると『やめなくては』という強いストレスが生まれて、免疫力が低下します。そのほうが酒やタバコそのものより、よほど体に悪い」

なんでも禁止が免疫力を低下させるとは、うれしい話ではないか。学術的に本当に正しいかどうかはともかくとして、現役の医師がいうことだから、信じてもいいだろう。私としては勇気百倍。太鼓判を押してもらった気分だった。

好きなことができずに窮屈《きゅうくつ》な毎日を送っていても、好奇心の赴くままに好きなことをして暮らしていても、人間、いつかは死ぬ。健康診断の数値などにそれほど神経質になる必要もないのではないか。

# なんでもペラペラしゃべるな

## 「ここだけの話」は取り扱い注意

私が、常日頃から気をつけていることがある。それは「余計なことはしゃべらない」ということだ。

とくに取り扱い注意が「ここだけの話」である。その話にはほとんどの人間が好奇心を覚えるはずだ。だが、好奇心をそそりはするものの、人間関係にほころびを生じさせる危険を秘めている。

相手に「ここだけの話」といわれたことは、私は何があろうと絶対にしゃべらない。かつて、秘匿《ひとく》情報を扱う新聞記者をしていたことも多少は関係するのかもしれないが、商売をやっていた親の教育の影響があるかもしれない。余計なひと言で大切な客を失うことを無意識のうちに学んだのかもしれない。それが身についたのだろう。

「ここだけの話」といわれなくても、口外《こうがい》すべきではないと判断したら絶対に口外しないのが「男の流儀」だと思っている。

ニーチェの『ツァラトゥストラはかく語りき』にこんな言葉がある。

「友というものは、推察と沈黙にかけては、名人でなければならない」

人間というものは、「ここだけの話」といわれると、ついつい「このネタは自分しか知らないぞ」とおかしな優越感を抱き、ペラペラと口外したくなる生き物だ。

こんな品のない好奇心は絶対に封印しなければならない。


そもそも、話している人間が、「この人は口が固いから大丈夫」と信頼して打ち明けているのに、それを噂話のように誰かにペラペラ伝えていることがバレたら、信用できない人間、嘘つきというレッテルが貼られる。

しかもそういう話は、往々にして尾ひれがつく。1だった話が100くらいになって人に伝わる。こうなると、その話の発信者の見識が疑われることになる。

「ここだけの話」といわれているのに、あなたが誰かに話してしまったならば、あなたは口も軽いが頭も軽いということ。

つまり、相手がどんな思いで「ここだけの話」を打ち明けているのかがわからない、想像力が欠如《けつじょ》した人間だということだ。

いままであなたに「ここだけの話」と打ち明けてくれた人がいたとする。

その人が突然あなたに何も相談しなくなったら、その人は、「ここだけの話」をあなたが口外していることに気づいたということ。そうなったら人間関係はもう終わり。当たり障《さわ》りのない話しかしてくれなくなる。

面白いもので、よくおしゃべりをする人間が必ずしも口が軽いとはいえない。おしゃべりなのに絶対にしゃべってはいけないことは決して口にしないタイプもいる。また逆に、いつもは口数が少ないのに、しゃべってはいけないことをペロリとしゃべってしまう口の軽い人間もいる。おしゃべりだから口が軽いとはかぎらないのだ。

## 陰口、噂話は楽しいがマナーがある

年を重ね、好奇心も薄れてくると、当然のことながら、他人とのコミュニケーションにおいて「話のネタ」も枯渇《こかつ》しはじめる。そうなってしまうと、残されたコミュニケーションツールは限定される。

●昔話
●同じ話
●陰口
●噂話

これが悲しい現実だ。

とくにタチの悪いのが陰口である。誰かを悪くいうことで、人間なら誰しも持っている優劣のピラミッドで、「あいつよりは少しマシだ」「あれよりオレのほうが上だ」

と自分の立ち位置を確認しているのかもしれない。

さらにタチが悪いのは、同情を装《よそお》った陰口だ。

「○○さんは、いまかなり負債を抱えているらしいよ。大変だよな」

「××さんの親父さん、振り込め詐欺《さぎ》にあっちゃって。かわいそうに」

口ではそういうが、気の毒に思う気持ちなどさらさらない。同情しているふりをして人の不幸を楽しんでいるだけだ。本当に同情するなら口外無用なはずである。

「釣り師に、釣った魚の話をさせるときは手を縛っておけ」

そんなことわざがある。

「他人の不幸」という魚を釣り上げた人間は、まさに水を得た魚の如《ごと》く、その話題を重ねる度に、手の広げ方が大きくなる。魚がどんどん大きくなるのだ。また、それが本人にとっては快感だから始末が悪い。

健全な好奇心が旺盛な人なら、陰口や噂話などに耳を傾けている暇があったら、自分の関心事に時間を割《さ》く。そちらのほうが楽しいからだ。

いずれにせよ、話が面白い相手でも、口の軽いおしゃべり人間とは差し障りのない話だけにするか、話さないようにしたほうが賢明である。

「沈黙は、自分に信用の持てない人間にもっとも確実な方法だ」

数々の箴言を残したフランスの叙述家ラ・ロシュフコーの言葉だ。

多くの人間にとって、正直なところ「ここだけの話」「噂話」「陰口」は楽しいものだ。ただし、それは本当に信頼できて、口の堅い友人間限定の楽しみにしておいたほうがいい。

ことに、こらえ性にほころびが生じはじめる中高年者は要注意だ。

# 年配者ほど見た目には気を配れ

## ついついラクな服ばかり着ていないか

「男の顔は履歴書である」

これはジャーナリスト・大宅壮一《おおやそういち》の言葉だ。

言い得て妙であるが、僭越《せんえつ》ながら私なりに氏の言葉に付け加えさせていただく。

「男の顔と服装は履歴書である」

私の体験では、こちらのほうがしっくりくる。

サラリーマン現役時代ならば、毎日濃紺や黒のスーツに、プレスのきいた白いシャツ、明るい色のネクタイに磨かれた靴を履いていれば、誰でもそれなりに格好がついた。

しかし、定年後の服装にはそんな「縛り」がなくなる。縛りがなくなるということは、今度はセンスが問われるということだ。

「さて、どうしたらいいのか？」

そんなことを悩んでいる方もいるかもしれない。

いや、こんな悩みを抱えている人は、見た目に気を配る人なので、私があえて提言する必要はないかもしれない。

「服装なんて、ラクであればなんでもいいよ」

問題なのは、そう考えている人である。そんな人には伝えたいことがある。

定年になってから家にいることが多く、出かけるといっても近所のスーパーくらい。たまに週末にゴルフの打ちっ放し。決まった行動範囲でしか動かない。そんな人の中には、毎日パジャマに毛の生えたような格好で近所をブラついている人が多いのではないだろうか？

私は、心の若さと身だしなみというのは、切っても切れない関係にあると思う。身だしなみや服装は、あなたの中身を表していると断言してもいい。

たしかに「ラク」な格好はいい。年をとると「面倒くさい」「堅苦しいのはイヤ」「誰も見ていない」などと、ついついラクなほうへ、ラクなほうへと向かってしまう。

「近所だし、家着で買い物いっちゃおう」

「現役サラリーマンじゃないんだから、ジャージーで十分」

そんな気持ちでの服装が続くとどうなるか？

服装なりの人生しか送れなくなってしまう。人間は歯止めをいったん失うと、どんどん手を抜く生き物だ。「見た目」への無関心は、心身の老いの入口といってもいい。

## 初心者はまず「白シャツ＋チノパン」から

若い人ならば、清潔であれば、それほどファッションに気を使わなくても、内面から出てくる若さでカバーできるかもしれない。

しかし、年をとると、そういうわけにもいかない。暗い色の服装、ボサボサの頭、剃《そ》り残しの髭《ひげ》……。そんな状態だと、いくら元気でもまわりからは「枯れたじいさん」

という印象で見られてしまう。

といっても、とにかく派手な格好をしろということではない。まずは、こぎれいな服装を心がけて、家着と外に出るときの服は分けなさいということをいいたいのだ。


「何を買ったらいいかわからない」

スーツ以外にファッションのことを考えたことのない人もいるかもしれない。

私は若いころから現在に至るまで「着道楽《きどうらく》」で通してきた。正直なところ、もしその嗜好《しこう》がなかったら、家をもう一軒くらいは持てたと思う。いまも、着道楽は健在で、毎年、シーズンごとに何アイテムかのファッショングッズを購入する。僭越《せんえつ》ながら、そんな私から一言。

あなたが中高年のファッション初心者なら、まずは無地の白いボタンダウンシャツにノータックかワンタックのチノパンツを購入してみるといい。第一段階では、派手な柄物ではなくて、全身無地を心がけ、靴は綺麗に磨いた歩き易い革靴。これでかなりオシャレに見える。

冬ならシャツの上にセーターでいい。シンプルなクルーネックVネックがオーソドックスで失敗がない。タートルネックのセーターも清潔感がある。さらに寒くなったらカーディガンを重ね着してもいい。

髭は毎日剃り、髭を生やしている人はマメに整える。「髭を生やせばダンディーに見える」と勘違いしているような人がいるが、整えていなければ、ただの汚いオヤジ。白いシャツにチノパンツだけで、かなりオシャレに見えるし、普段からパジャマみたいな格好で近所をブラブラしている人は、それだけで周囲の目が変わるだろう。

## 自分のセンスに自信がなければ、他人に聞く

周囲のオシャレな人に聞くのもいいだろう。さらにそこからワンランクアップしたいならば、「ファッションのプロに聞く」。これが手っ取り早い。

とはいっても、芸能人や金持ちでないかぎり、プロのスタイリストを雇《やと》えないし、まさか妻に聞くなんて恥ずかしい。

そう思っているならば、ちょっと背伸びして気になるブランドの直営店に足を運ん

でみるのもいい。自分のセンスに自信がなければ、最初は店員に聞くのもいいと思う。

「明るめのシャツを探しているんだけど、似合いそうなおすすめは？」

「カジュアルなジャケットがほしい」

相手は洋服選びのプロだ、お客からそんなことを聞かれて嫌がる店員は少ない。そして気の合いそうな店員を見つけたら、仲よくなることもおすすめだ。

そうやってプロからセンスを学んでいくと、自分にはどんな服が似合うのか、どんな服を着ていると自信が持てるか、そんなことがわかってくる。

自分好みで、自分に似合うブランドものもやがてわかるようになる。

私の知り合いに、ある有名なアパレル会社の販売員がいる。彼女は40歳の美人だが、先日こんなことをいっていた。

「いくつになっても、オシャレに興味を持っている人って素敵だし、アドバイスしてあげたくなります」

年をとっても、自分の知らないことは謙虚にアドバイスを受ける。そんな気持ちを忘れないことだ。

# 第4章

# 好奇心がないと「退屈」だけが残る

# 脳科学が明かした「年齢は言い訳にならない」

## 好奇心があるうちは死んでいる暇がない！

ほとんどの人間は、「年齢」を気にする。

ある人が40歳ぐらいに見えるのに実際は60歳だと知ると「若いですね～」というし、50歳ぐらいに見えるのに、35歳と聞くと「こいつずいぶん老けているな」と心の中で驚く。


私の周囲を見ていると、気がつくことがある。

「もう、還暦《かんれき》もすぎちゃったしな」

「私って、もうおばちゃんだから」

折に触れてとそんな言葉を口にする人間は、男女を問わず、実年齢よりも老けて見える。逆に、自分の年齢を話題にしない人は、見た目以上に若く見える。

私の知り合いの書籍編集者の父親の話を紹介しよう。

その書籍編集者は42歳で、彼の父親は今年81歳だという。聞くところによると、若いころからスイングジャズが大好きだったのだが、自分も実際に演奏してみたいという夢を諦めきれず、２年前にドラムを始めたという。

父親が通っている教室には生徒が５人いて、10代が２人と20代が３人、先生はなんと45歳だそうだ。

またその父親は若いころからやっている水泳を続けており、週に２回、１日２キロを欠かさず泳ぎ、さらにスペイン語会話のサークルに入り、おまけにラテン語で「ガリア戦記」を読む会に毎週通っているという。しかも学生に混じって、だ。

「年なのによくやりますよね」

編集者はあきれたように私にいっていたが、それでいて内心では、そんな父親をリスペクトしているようだ。

「好奇心があるうちは死んでいる暇がない」

彼の父親の持論だそうだ。

親孝行のためにたまにサプライズで家に帰っても、いつも父親は不在。携帯電話を鳴らすとこう怒られるそうだ。

「アポなしで帰ってくるな。家にはいないぞ」


私は言霊《ことだま》というものを信じる。

年のことを悲観的に口にすると、老いが急激に速度をあげるように思える。たしかに肉体的には若いころよりも落ちるかもしれない。出かけるのが億劫になるかもしれない。重力に抗《あらが》うのが、若いころよりもしんどくなるだろう。

ただ、そうならないのは簡単な話だ。いつも体を鍛《きた》えて、自分なりの食生活に向き合えばいいのだ。

私は、ジム通いなどはしていないが、とにかく歩く。

自宅から最寄り駅まで15分。電車に20分乗り、徒歩10分の事務所へ最低週4日は通うようにしている。とにかく歩くのが健康にいいはずだという信条だからだ。

事務所の近くには映画館があったり美術館があったり、美味《おい》しいレストランがあったりする。そこへもしばしば足を運ぶ。そして、そんなところから五感に刺激をもらうようにしている。

五感に意識的に刺激を与えていれば、さまざまな好奇心も芽生える。あえて、若さの秘訣といいたい。

## 記憶力の衰えも年齢とは関係ない

「肉体的に衰えるなら運動をすればいい、でも記憶力が年を取るにつれ低下するのは致し方ない」

そう思っている人がいたら、それは大きな間違いらしい。

東京大学薬学部の池谷裕二《いけがやゆうじ》教授によると、115歳で亡くなった、あるオランダ人女性の脳を調べてみると、機能がほとんど低下していなかったそうだ。

この事実を踏まえると、年をとっても覚えがいい人、年をとるにしたがって覚えが悪くなる人、これらの違いは脳の機能の低下の違いではなくて「意欲」の違いなのではないかとも考える。

「最近、物覚えが悪くなってね〜」と嘆く人に聞いてみたいが、あなたは覚えようとしたことを意識的に何回繰り返しただろうか？

ドイツの心理学者エヴィングハウスが提唱した「エヴィングハウスの忘却曲線」をご存じだろうか。

それによると、人間は暗記した後、20分後に42パーセントを、1時間後に56パーセントを、1日すぎると74パーセントを忘れるという。

そして、その記憶のメカニズムに年齢は関係ないというのである。よく耳にする「昔は記憶がよかった」というのはどうやら勘違いらしい。勉強を例にとると、忘れたら覚え、忘れたら覚えを繰り返しているから短期記憶が長期記憶にかわり、長い間脳内に定着するにすぎない。

たとえば、携帯電話が普及する前、「得意先の電話番号を20件は覚えていた」という人は多いはずだ。それは年齢とはまったく関係がなく、毎日何回、何十回とその番号を見ていたからによるものらしい。反復して脳に刷り込んでいたから覚えたにすぎない。どうやら、科学的には記憶力が低下したことを、「脳の機能が下がった」と考えるのは、完全な間違いということになるらしい。

　では、なぜ記憶力が衰えたように感じるかといえば、単に「覚える意欲がなくなった」からなのだ。つまり、どうしても覚えたいことがあるならば、「意欲的に」覚える努力をすればいいだけの話ということ。

　ちなみに、先の81歳の男性は、いまでも海外のスパイ小説は原書で読み、わからない単語があれば、学生がよく使う単語帳を使って覚えているという。

「年だから記憶力が低下するって？　そんなバカな」

　笑いながらそういつもいっているそうだ。

　要は、好奇心が旺盛なら記憶力も衰えを知らないということだ。私はもちろんだが、何事にも前向きな姿勢を保っている中高年にとっては、うれしい報告ではないか。

## 「死ぬまで現役」に欠かせないもの

### 老害にならずに愛されるシニアに

日本はまもなく、「超高齢社会」に突入する。

２０２０年には15歳から64歳のいわゆる「生産年齢人口」は約59パーセント、そして65歳以上は約29パーセントになる。つまり、三人にひとりが高齢者ということになる。電車の中で「優先席」を見てみればよくわかるはずだ。

そんな時代に、高齢者に求められることは何か？

「死ぬまでいかに現役でいられるか？」ということだ。

ここでいう「現役」とは仕事が現役ということだけではない。

もちろんいくつになっても働ける仕事に就いている人なら、死ぬまで働くのは大いに結構なことだ。ただし、組織において、いろいろな意味で単なる老害化した存在になっているようなケースも少なくないから、要注意だ。

私のいう「生涯現役」とは、日常生活も極力人に頼らず、何かの形で地域社会やコミュニティーに関わり、自分の特技や趣味を活かしたライフスタイルを死ぬまで維持する、ということである。

このモチベーションを保つのに心がけたいことは、自分が「誰かのために何ができるか？」を軸に行動することだ。

私の知り合いで、東京大学を卒業後、某大手メーカーのエンジニアから役員に上り詰め、一昨年に定年退職したという男がいる。彼は誰もが知る有名進学高校から現役で東大に入り、エンジニアとなり、みるみる頭角を現して若くして出世した男だ。頭脳明晰《めいせき》なうえに性格がよく、いつもニコニコ温厚で、部下からも慕われていた。

そんな彼は最近、地域の子どもたちに数学を教えているそうだ。週二回、近くの公民館で中学生を集めて指導しているという。親御さんから授業料を取っているのかと思いきや、無償のボランティアだという。感心して話を聞いてみた。

「いや、僕のほうが彼らからいろいろと学ぶことがありますよ。最近の中学生は情報の処理速度が半端じゃなくて、この間はスマホの使い方を教えてもらいました」

照れながらそう語っていた。

## いつまでも現役でいるには、このスタンス

ここで、いくつになっても元気な人の共通点をあげてみよう。

- とにかく前向きで生きている
- 若い人の主張や感性をストレートに受け入れる
- とりあえず「やってみる」の精神を持っている
- 年齢、金、時間を言い訳にしない
- 変化を受け入れる

「オレが現役のころは〜」

「まだ40代のころはな〜」

年を取り、新しいことに素朴な好奇心を抱かず、これまでの自分の経験則だけに執着する人の常套句《じょうとうく》だ。

過去は過去、終わったことは終わったことで、前を向いている人間は、好奇心旺盛で感性も柔軟だ。なんでも肯定的に受け入れるだけの柔らかい心を持っている。

酒席で「最近の若者は……」とクダを巻きはじめたら、それは古狸《ふるだぬき》の仲間入りをした証拠。若い世代に助けられていることも多いということがわかっていない。若い世代の行動・言動からも学ぶべきことはある。

仮に、さまざまなシーンで若い世代の感性や主張に同意できないようなケースでも、まずは判断や断定を留保してみることだ。

また、自分が知らないこと、やったことがないことに対しては、謙虚さを忘れないことも大切。

「へえ」

「なるほどね」

「教えてくれないかな」

興味があることは、「とりあえず教えてもらう」のメンタリティをいつも忘れないこと。定年後の中高年には、暇と時間がある。判断や断定を急ぐ必要はない。


とにかく柔軟な心を持つことが大切だ。若い世代とのコミュニケーションにおいて、自分の経験則から考えれば「想定外」の主張やリアクションであっても、いったんは受け入れてみる。この心構えが必要だ。

好奇心のタネは、そういうスタンスの中から見つかるからである。

# 失敗のどこがいけないのか

## 失敗が多い人ほど、楽しみを見つける

「川北さんは、趣味も多くて知識も豊富で、経験値が豊富だからいくつになっても好奇心が旺盛なんですよ……私なんか無理です」

そんなことをいわれたことがある。

だが、ちょっと待ってほしい。私がいつも美味《おい》しいものを食べて、いい映画や芝居を見て、１から10まで最高の旅をしていると思ったら大間違いだ。いい経験が１あるとすれば、その下には10以上の失敗がある。

私にとって、何事も失敗なんてものは勲章みたいなものだ。

いままで私は数多くの失敗に金と時間をどのぐらい使ったかはわからない。莫大《ばくだい》なものだ。稼いだ印税はほとんどそれに注ぎ込んでいる。それでも、好奇心にかられて貪欲に生きてきた。

発明王エジソンは電球を発明するまでに、数えきれないほどの失敗を繰り返した。しかし、こんな言葉を残している。

「私は失敗したことがない。上手くいかない方法を1万通り見つけただけだ」

有名な話だ。

とはいっても、誰でも失敗はしたくない。極力金と時間は効率よく使って、できるかぎり人生を謳歌《おうか》したいという気持ちはわかる。

では、どうすればそのように前向きになれるかアドバイスしよう。

ここに、ある人間がいる。

この人は1年間で、自分に与えられる仕事のチャンスのうち、4割弱しか成功していない。残りの6割強は失敗だ。

これは誰のことかおわかりになるだろうか？

2004年にシアトル・マリナーズでメジャーリーグの最高打率を叩き出したイチローの成績だ。その成功の数字は3割7分2厘。この結果を見て、われわれはこう考えれば、楽になるのではないか？

「あの天才ですら、バッターボックスに10回立てて、打てるのは3回くらいだ。オレの失敗なんてたいしたことない」

## 傍観者の「空語」「空文」に惑わされるな

失敗で一番怖いことは、失敗そのものではない。「失敗イコール悪いこと」と考えてしまうことだ。

そうすると何が起きるか？

一番大きなことは、自分の目の前に広がっているさまざまな可能性が閉ざされてしまうことだ。

「まただめかな」と考えるのではなく、「次はいけるかも」と思い続けながら、チャンスがあれば何度でもやってみる。その生き方が大切なのである。

失敗が重なると、他のことにもチャレンジしなくなる。いわゆる「食わず嫌い」の状態が増える。負のスパイラルに陥ってしまう。一度嫌いと感じてしまうと、ほとんどの人間は二度とそれをやらなくなる、やらなくなると物事に対して常に身構え、シニカルな視線しか持たなくなる。


口だけの年寄りほどタチの悪いものはない。私はことあるごとにいう言葉がある。

「アホな傍観者《ぼうかんしゃ》になるな」

傍観者の言葉など、信じてはいけない。

「あの店はダメだ。行ったことないが経験でわかる」

「あいつはダメだ。話したことないが面構えでわかる」

「あの本は面白くない。読まなくても感覚でわかる」

そう偉そうにいう中高年が少なくない。

人間、何も経験しないで傍観者、批評家になり、あれがダメ、それがダメといいはじめたら、そこで終わり。肝に銘じたほうがいい。そんな人とは話もしたくない。

なぜなら、傍観者、批評家の否定的な言葉は「空語《くうご》」「空文《くうぶん》」にすぎないからだ。「空語」とは、「根も葉もないこと」、「空文」とは「実際の役に立たない文章」。こんな言葉に惑わされてはいけない。

たとえ趣味だとしても、読書やグルメ、旅行や映画、なんでも経験してから物を申すのが大前提。私はこれを常に忘れないようにしている。

傍観者、批評家にならずに食わず嫌いを極力避けて、好奇心に忠実に何ごともとにかく一度はやってみる。「ダメモト」の精神だ。

失敗したとしても、「あ〜またやっちゃった。この失敗談は人に自慢できる」くらいの楽天的発想で頭を切り変えればいいだけの話ではないか。

# 変えられない過去に執着しないこと

## 学歴や肩書は通用しないと知る

何度も述べるが、いつまでたってもかつての地位や学歴にこだわる中高年者が多い。

「あ、この人は、いまの自分に自信がないんだな」

そういう人間に遭遇すると、私はそう確信する。


先日こんなことがあった。

私が仕事で使っている事務所の近所で、私の本をよく読んでくださっているという初老の男性と話をした。最初は挨拶程度だったが、何度か会うたびにいろいろな話をするようになった。

しかし、会話の節々に出てくる言葉が無性に気になるのだ。

その男性は、どうやら現役時代、誰もが知る超大手の商社に勤めていたようだ。なぜなら会話の合間に「私の○○（社名）時代は〜」「私が○○〜にいたころ〜」をやたらと口にするからだ。

さらにその男性は「私の駒場時代の友だちが〜」とくる。

学歴なんぞ聞いてもないのに東大自慢が始まったかと思うと、次は「私の○○（社名）時代の同期で、同じ役員やっていて〜」と語り出した。

この男性の会話の内容は「先日千葉に昔の知り合いとゴルフに行った」という、どうでもいい内容なのだ。実はこの男が私にいいたいのは、これではないのだ。

「私、東大出身で、商社の○○（社名）に勤めていて、役員まで上り詰めたんです。どうです？」

これなのだ。

私にいわせれば、

「それがどうした？」

これ以外の言葉はない。

「定年になれば、どんな人間も、ただのジジイとババアになる」

言葉は悪いが、それくらいの覚悟がなぜ持てないのか。


しかし、たかが学歴や会社での地位をいつまでたっても自慢げに振りかざし、他人に対して横柄《おうへい》な態度を取っている中高年者がなんと多いことか。とくに退職後、まだ年月がたっていない高齢者によく見られる傾向だ。

私がよく足を運ぶ書店などでも、腰の低い店の若い店員さんに大声で偉そうな態度を取っている中高年者がいるが、じつにみっともない。

過去への執着は何も生まない。

なぜなら、変えることができないからだ。

喜劇王の異名を持つチャールズ・チャップリンにまつわる有名なエピソードがある。ご存じの方も多いだろう。チャップリンは晩年、記者に尋ねられた。

「あなたの最高傑作は？」

すると、彼は即座にこう答えたのである。

「Next one」

「次の作品」というわけである。

みっともない中高年にかみしめてもらいたい言葉だ。

## 過去の失敗談こそ喜んで語っていい

誰でも、成功した話を語りたくなるものだ。

昔は何度も会社を救うような大きな仕事を取ってきたとか、女を何人抱いたとか、競馬でいくら儲かったとか、その類の話を自慢げに話す人間が多いが、それを聞かされる相手は辟易《へきえき》していることを忘れてはいけない。

自分の話だけではない。

息子はあの有名な○○社にいるだとか、孫は難関のあの××大学に現役で入っただとか、身内自慢ばかりする中高年も多いが、そんな話ばかりしていると、いつかまわりから話し相手がいなくなると思ったほうがいい。

それとは逆に、失敗談は聞いている人間から面白がられることが多い。

しかし、自分の失敗した話を語ることを恥ずかしいと感じる方も多いだろう。それはたしかにその通りだ。なぜなら、失敗談は自分に自信がなければ語れないからだ。

「私は過去に、こういうことをやらかしちゃいまして、大失敗でしたよ」

そう笑い話で語れるのは、過去の出来事を客観視して、失敗を笑いに昇華《しょうか》する力を持っているからだ。

完璧な人間など存在しないし、そんな人間は面白くない。失敗もするし短所もある人間が面白いと思うのは、私だけではないだろう。

「あいつはちょっと気が短いけどいいやつだ」

「あの人は忘れっぽいけど面白い」

「彼は、とっつきにくいけど、話してみるとじつはユーモアがある」

他人の一面だけを見て、判断するのは愚かなことだ。

そして、自分語りや自慢は極力避ける。過去を語るなら、他人が面白がるような失敗談を語れ、といいたい。人と接するときは、相手の短所ばかりに目を向けるな。その裏側にある長所を引き出そう。これが鉄則だ。

ただし、他の項でも述べているが、忘れないでほしいのは、「短所」と「欠陥」は違うということだ。

たとえば「遅刻ばかりする」「なんでもペラペラしゃべる」「平気で嘘をつく」これは短所でなくて欠陥だ。こういう人間には毅然《きぜん》とした態度を取るべきである。

# 懐かし話はごく少数の親友限定

## 相手はその話を聞きたいかと考える

大学を卒業して半世紀以上たつが、ときどき同じクラスの仲間との集まりがある。かなり前から行われているが、はじめのころはまだ現役時代のことが忘れられないのか、仕事とゴルフの話で花が咲いていた。また、誰がアメリカ支社に転勤になったとか、誰が役員になっただとか、仲間の活躍ぶりが話題になっていたが、それから数年たつと、今度は話題が大きく変わった。病気の話が中心になり、また年月を経てくると、どうということもない近況や孫の話になってきた。歳月とともに話題が少しずつ変わってきたのも面白い。

昔の友人、とくに学校時代の友人との話題は、どうしても過去の話になる。かつて同じ大学や同じ企業でともに生きた仲間同士で、気の合う間柄なら、そんな内容でもいいだろう。

しかし、学歴やキャリアの話は、「話せる人間は限定されている」ということを忘れてはいけない。とくにリタイアしてからしばらく月日が経過した70代、80代はこれを肝に銘じること。

定年になってしばらくは仕事の仲間と飲んだり、ゴルフに行ったりしてコミュニケーションを取っていたが、そんな付き合いは年とともに次第に減る。

そうなると付き合いが増えるのが、趣味の仲間、コミュニティーの仲間、ボランティアや地域活動をしている人ならその仲間だ。

その中には、もちろん有名大学出身の元エリートサラリーマンもいるだろう。中学校卒業で働きはじめた人もいるだろうし、いまでも現役で働いている人もいるだろう。

そんな中で終始自分の懐かし話ばかりをしていたら煙たがられる。

「私は〇〇会社の役員をやっていた」

「私は××大学を卒業した」

地位や肩書や学歴とは無縁のコミュニティーにいたら、そんなものにすがっている老人に対してまわりはどう感じるだろうか？　想像に難くないだろう。

## 自分がイヤな中高年になっていないか

聞かれもしないのに、とかく昔を自慢したがる中高年がいる。もし、どうしても昔話がしたくなったら、こう考えてみるといい。

「若いころの自分はどんな中高年がイヤだったか」

これを思い出してみることである。

「薄汚れたスーツを着た中高年」

「居酒屋で会社や知り合いの悪口をいう中高年」

「不潔な中高年」

「マナーを守らない中高年」

「街で唾《つば》を吐く中高年」

「奇抜《きばつ》なファッションの若者を蔑《さげす》むように見つめる中高年」
「若い女性を露骨《ろこつ》にいやらしい目で見る中高年」
「威張り散らす中高年」
「偉い人だけにはへつらう中高年」

人それぞれに「嫌な中高年像」が数多く記憶に残っているはずである。また、中高年だった自分の父親の嫌な一面も記憶にあるはずだ。

「家族の前で平気で放屁《ほうひ》する父親」
「母親に怒鳴る父親」
「だらしない格好で家中を歩く父親」
「家族の助言を聞かない父親」

こんなふうに自分の若かりしころの「嫌な中高年像」を思い浮かべて、いまの自分がそうなっていないかを考えてみてはどうだろうか。己を顧《かえり》みることだ。

もしかすると、あれほど嫌悪していた中高年に自分がなりつつあると感じて愕然《がくぜん》とするかもしれない。同世代の友人とかつての「嫌な中高年像」を語り合ってもいいだろう。そんな昔話なら、自分のいまを見直す意味で役に立つかもしれない。

過去から学ぶということだ。

初代ドイツ帝国宰相《さいしょう》であるビスマルクはこんな言葉を残している。

「愚者は経験に学び、賢者は歴史に学ぶ」

少々大げさな物言いになるが、自分の過去＝歴史と捉えて、その歴史から学んでみてはどうだろうか。自分の歴史から教訓を見つけ出して、未来を生きる糧《かて》を得ることができるかもしれない。

# 何かを捨てると何かが生まれる

## モノを捨てるための三原則

ここ数年、「断捨離《だんしゃり》」がブームになっている。

定年という人生の節目に、たしかに「整理」は必要だろう。まず、モノの整理だ。一度に全部は無理がある。少しずつでいいから、使わないものは処分するべきである。

だが、これがなかなか難しい。

無駄なものは捨てようと作業を始めるのだが、ひとつずつ手に取って眺めているとなかなかモノは減らない。

「これは役に立つかもしれない」

「これはまだ使える。もったいない」

「これは△△にあげよう」

なんだかんだと理由をつけて元の場所に戻してしまったりする。だが、その後も役に立つ日、使う日、あげる日、フリーマーケットに参加する日は永遠にこない。

私はモノを整理するとき、捨てるか残すかをすぐに判断するために決めている三原則がある。


「この一年でこれを使ったことがあるか」

「この一年でこれを探したことがあるか」

「この一年でこれがなくて困ったことがあるか」


このいずれもが「ノー」なら、迷わず捨てる。もちろん、何か記念になるモノ、いい値段で売れるモノは残しておくが、それ以外は捨ててしまう。

かさばるものは、リサイクルショップに電話すれば、量によってはトラックで買い取ったり、引き取りにきてくれる。

## 宝の持ち腐れになっていないか

私は利用したことはないが、最近は個人間で行われるネットオークションがあり、とても簡単に活用できる。

かつて、一緒に仕事をしたことのある68歳の女性の話だ。

彼女は、いま流行のフリーマーケットのアプリである「メルカリ」を活用して、家にあったさまざまなモノを売り払ったという。

使わない陶器、身につけない宝飾品、夫の着なくなったコート、ジャケット、バッグなどを一年かけて売り払ったという。すると、なんと総額70万円近くになったそうである。そのお金でポルトガルに旅行したそうだ。

「宝の持ち腐れとはよくいったものですね。今度は夫の実家の物置を整理してみます。旧家だから、もしかすると『なんでも鑑定団』に出られるかも」

彼女はうれしそうにいう。一度動いてみると、どんどん好奇心が芽生えるのだ。

## 「見つかったらヤバいもの」の管理に注意

目に見えるモノの処分は簡単だが、意外とやっかいなのが、パソコンや携帯電話などに保存されているデータの処分だ。人によっては、「誰かに見られてはまずいもの」がパソコンや携帯電話に入っていると、いざというときにちょっと気まずい。

アダルト画像や動画、身内に知られたらまずい人間関係の連絡先など、そういうものは元気なうちに消去しておいたほうがいいかもしれない。

付き合いのあったイベント会社の社長の話がある。私の講演会を設営してくれた担当者から聞いた話だ。

その社長はとても元気だったのだが、1年ほど前に心筋梗塞で急逝《きゅうせい》した。66歳だった。美人の奥さんとは周囲がうらやむほどのオシドリ夫婦だったのだが、彼の死後その奥さんを悲しませる事態が生じた。

亡き夫の身辺整理をしていると、毎日使っていた財布から青い錠剤3粒とコンドームが出てきたのだ。

もし、私が先に述べた捨てるモノの三原則を守った財布であったとしたら、彼の性的好奇心、男性力の健在ぶりを物語るエピソードだが、奥さんの心中はいかばかりかと思ってしまった。

私の場合でいえば、私の性的好奇心の旺盛さについては、若いころから時間をかけて妻に「しょうがないわね」という了解を得ているから、そうした事態になっても大事には至らないと断言できる。

それはともかくとして、身内に見られてまずいモノは、早めに処分することをすすめる。


モノを大胆に整理すると、気分も身軽になるものだ。なんとなく心の中にも快適な空間が生まれたような気分になる。こういう状態は、新しい好奇心を芽生えさせ、行動によってその好奇心を育てるきっかけにもなる。

私自身、読書家だとは思うが蔵書家ではない。オフィスであれ、自宅であれ、買って読んでしまった本のほとんどは自分のまわりには置かない。無類の本好きである友人に引き取ってもらう。ただしひとつだけ条件をつける。

「選ばないで全部持って行ってくれ」

これは『ブックオフ』などの専門業者に引き取ってもらうときも同じだ。

## 「人間関係の棚卸し」も必要になる

整理したほうがいいのはモノばかりではない。好奇心を最優先した日々を送りたいのであれば、人間関係の整理も必要だ。

もちろん、かたくなに人を遠ざけろというのではない。相手からアプローチがあれば受け入れるべきだろうが、古い人間関係については、ときに選別も必要かもしれない。好奇心を最優先するなら、人間関係は「深さと面白さ」を心がけたほうがいい。

「友人の棚卸《たなおろ》し」

私は勝手にそう呼んでいる。もちろん、古くとも大切な「定番の友人」は棚に残したまま、新しい面白そうな「ニューアライバル」の友人を棚にそろえることも心がけるべきだ。これが好奇心を芽生えさせ、育てるきっかけになる。

19世紀のフランスの小説家ジュール・ルナールはこんな名言を残している。

「友人は服のようなものだ。すり切れないうちに捨てねばならぬ。さもないと、向こうがこちらを捨てる」

もちろん、洋服は死ぬまでときどき新調し続けるのがベストだ。

# 身銭を切ることに意味がある

## 好奇心を満たすには「自腹」が鉄則

好奇心の赴くままに、映画や芝居、コンサートを鑑賞する、旅行に出かける、本を読む、美味《おい》しいものを味わう……どれも刺激に満ちたことだが、一つ大切なことを忘れてはいけない。それは、どんな経験をするにせよ、自分のお金を出す、という心構えだ。

好奇心に身を任せて、借金までしてなんでもやれ、ということではない。自分の身の丈《たけ》に合った範囲で、極力身銭を切りなさい、ということだ。

いままで観たことのない芝居や映画、泊まったことのないホテルや読んだことのない本、行ったことのないレストランにお金を払うのが心配な気持ちになるのはわからないでもない。

「本当に払った分だけの満足感が得られるのか？」

「本当にこれに金を払って、損をした気分にならないか？」

そんな不安を抱くかもしれない。


私はいままでにいろいろなものに金を使ってきた。

いい思いもしたが、悪い思いもたくさんした。だがいまになって、振り返ってみると、成功も失敗も含めて、これはすべて「生き金」だったと思っている。金を払う前は、「これは面白そうだ」と思ったものが、蓋《ふた》を開けてみるとそうでもなかったことは、何度も経験した。逆もまたしかりだ。


自ら身銭を切り、成功と失敗を繰り返していくと、「面白いこと、つまらないこと」に対する分別の嗅覚が研ぎ澄まされてくる。そうすると金をつぎ込む前に、「これは自分好みじゃないな」とわかってくるようになるのだ。これは自腹でお金をつぎ込まないと得ることのできない感覚だ。

だから、余裕のあるかぎり、好奇心を満たすもののためには、必ず身銭を切るべきである。もちろん、他人の金で経験することで学ぶこともあるだろう。交際費や接待費を認めてくれる会社なら、その恩恵を享受《きょうじゅ》することも悪いことではない。

しかし、好奇心に背中を押されて、身銭を切って経験したことは、誰かの金を使ってするそれよりも、自分の血となり肉となると断言できる。「自腹」が鉄則である。

逆に自分が「これは」と思うものに対しても、ケチケチして金を使わない奴、人の金ばかりあてにする奴は、私から見ると、何のために生きているのかわからない。その中で芽生える好奇心もたかが知れている。

## 金にセコい奴は人間の器も小さい

以前、ある人からこんな話を聞いたことがある。

30年ほど続いている、中小企業で経理担当者として働いている知人の話だ。その社長は公私混同甚《はなは》だしく、会社の法人カードを使い、某超大手ネットサイトで湯水のごとく本を買っているのだという。

あまりにその冊数が多い上に、仕事で使っている様子もなく、経費削減のためと思い、思い切ってその経理の人は社長に問いただしたそうだ。

するとその社長は一切悪びれることなく、開き直った様子でこう答えた。

「娘が読書家になるために買い与えているんだ。この会社の社長は私だぞ、私の会社のカードで、娘に本を買い与えて何が悪い」

その知人は呆《あき》れて何も言えなかったそうだ。仕事に関わる本の購入ならいざ知らず、娘のための本の購入である。

社用と私用の区別もつかないなんとも残念な社長だ。娘のためと思って本を買い与えているそうだが、さらに驚いたのはその娘が20歳を超えているという。自分で金を稼げるいいオトナの子どもに、親がモノを買い与えているとどうなるか？

「ただでもらって当たり前」

そんな感覚が身についてしまうだろう。もし、会社員として働くことになったとしても、この金銭感覚のままだと大変なことになる。場合によっては、不正な経費の請求をする人間になってしまうかもしれない。どんなに本を読んだところで、健全な知識どころか「悪知恵」ばかりが身につくことになるかもしれない。

## ケチな社長の「会社払い」

知識や経験を血肉にしたいなら、とにかく身銭を切るのが大前提である。

たとえば1500円の本があったとする。あなたはそれをとても欲しいと思う。1500円あれば、ちょっとした美味しいランチが食べられる値段だ。身銭を切るときは、真剣にその本について吟味《ぎんみ》するのではないか？　そして買ったら、理解しよう、役立てようと一生懸命読むはずだ。

繰り返しになるが、金を使うということは、自分自身への「生き金」なのである。そこをケチケチするのはよくない。

ちなみに後日談だが、先の社長は、社員を誘って飲みに行くときは、すべて会社のカードで払っているという。

「結局、僕たちが稼いだお金かって気分になりますよね。別におごってもらっているので、偉そうなことはいえませんが、たまにはポケットマネーで飲みに連れてってくれてもいいですよねえ……」

知人はそう苦笑い交じりに話していたが、改めて残念な社長だ。もし、身銭を切っていたら、社長を見る社員の目はずいぶんと違ってくるだろう。社員の士気にもかかわるはずだ。

性格だから仕方ないと諦めるしかないのだが、ケチとしかいいようのない人は確実にいる。とにかくケチな人間は嫌われる。友人がだんだんと減っていき、ひとり寂しい晩年を送らなければならなくなる。

ある私の友人は徹底的にケチだった。以前は、もうひとりの友人を加えてよく三人で食事をしていた。だが、いざ会計となると一応財布を取り出すのだが、なかなか払おうとしない。やがて、私ともうひとりの友人だけで会うようになってしまった。ケチが人間関係を狭めることもあるのだ。

金の使い方は、その人の生き様を映し出す。そして誰も見てなさそうで、実は意外にも見られていることを忘れてはいけない。こんな生き方をしていたら、せっかく芽生えた好奇心も枯れ果ててしまうことになる。

〈新版〉
死ぬまで好奇心！

著　者　　川北義則
発行者　　真船美保子
発行所　　KK ロングセラーズ
　　　　　東京都新宿区高田馬場4-4-18　〒169-0075
　　　　　電話（03）5937-6803（代）　振替 00120-7-145737
　　　　　http//www.kklong.co.jp

印刷・製本　大日本印刷(株)
落丁・乱丁はお取り替えいたします。※定価と発行日はカバーに表示してあります。
ISBN978-4-8454-2516-7 Printed In Japan 2023